これから
学芸員をめざす人のために

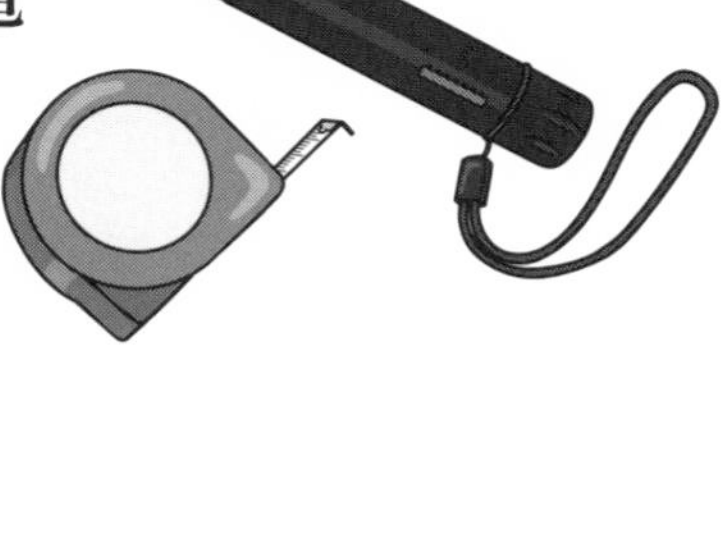

杉本 竜

創元社

これから学芸員をめざす人のために　目次

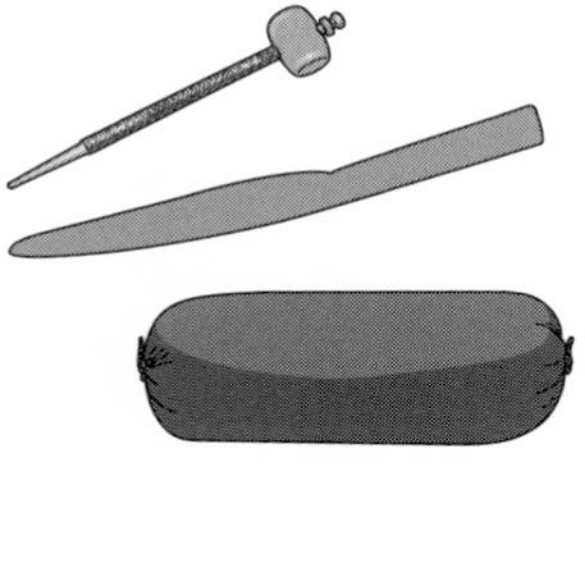

装丁・組版　寺村隆史
カバー・本文イラスト　井上ミノル

はじめに

八四〇三人。

これが日本全国の学芸員の数です。〔二〇一八年、文部科学省「社会教育調査」〕医師の数が約三二万人〔二〇二〇、厚生労働省「医師・歯科医師・薬剤師統計の概況」〕、弁護士が約四・二万人〔二〇二〇年、日本弁護士連合会「弁護士白書」〕、公認会計士が約三・五万人〔二〇二三年、日本公認会計士協会ホームページ〕ですので、学芸員はずいぶん人数の少ない「レア」な職業といえるでしょう。

学芸員は国家資格です。とはいえ、先の医師・弁護士・公認会計士と比較すると大学で所定の単位を修得すればよいので、資格そのものは容易に取得できます。そのため、年間取得者数は一万人程度とみなされています。〔文部科学省「学芸員制度各国比較」〕

にもかかわらず、全国で八千人余りしかいないのはなぜでしょうか。

それは、採用そのものが非常に少ないためです。採用人数では、まれに五名以上の大量採用を目にしますが、一名、もしくは若干名というのがほとんどでしょう。また、就職希望者の居住地域で毎年コンスタントに採用があるわけではありません。もしあなたが学芸員の資格をお持ちで居住地近くのミュージアムに就職しようとしても、募集がなければ受験できません。そして、募集のほとんどは学芸員が辞めた後の補充ですので、下手をしたら三〇年に一度しかそのチャンスはないかもしれないのです。

なお、ここでミュージアムという表現が出ましたので少し説明しておきます。本来、博物館法にあるように美術館・博物館・歴史民俗資料館・動物園・水族館も広義ではすべて「博物館」です。しかし狭義の「博物館」と混同しやすいため、本書では基本的に「総体としての博物館」をあらわす際には「ミュージアム」という表現を用いるようにしています。「美術館の仕事」というとかなり限定されてしまう印象を持ちませんか？　博物館・美術館やその他の館園の垣根を取り払いたいという願いも込めて、私自身もふだん総称としての表現は「ミュージアム」を使っています。

さて、話を本題に戻しましょう。

受験に当たっては、さらに「専門分野」という壁が立ちはだかります。単に「学芸員」というだけの募集はめずらしく、専門分野の条件がつくことがほとんどです。比較的募集の多い人文学分野に限ってみても、「考古・歴史・美術・民俗」と大きく四ジャンルにわかれます。自分の専攻が美術史の近世絵画だったとしたら、他ジャンルでの募集には非常に不利になるか、門前払いされてしまうかも知れません。

したがって、「自分の専門分野の募集が運よく就職活動している時期に出る」という前提条件をクリアしない限り、就職活動すら始められません。そのため、「就職できるのは学芸員資格取得者全体のうちの１％程度」と非常に狭き門となっています。ところがこの超難関の学芸員職に、地方の小さな博物館である桑名市博物館でアルバイト勤務をしていた職員が一〇名以上、続々と就職を成功させているのです。もちろん本人の努力や才能が第一なのは間違いありませんが、当館での経験を活かしているのもまた事実です。

第3章で述べる学芸員としてのライフハックを学べること、勤務を通じて人脈を広げられること、そして実際に現場の雰囲気を知ることが筆記や面接などで役に立つのではないかと思います。

本書では、どのようにして学芸員を目指せばよいのか、そして学芸員の仕事とはどのようなものなのかを、キャリア二〇年の〈育手《そだて》〉の学芸員が紹介します。

※なお本書で紹介するエピソードは複数の事例を混在させたり、性別・名称等を変更していますが、基本的にすべて私が実際に見聞した話を元にしています。

第1章

学芸員をめざして

桑名市博物館について

桑名市博物館は、一九七一年に「桑名市立文化美術館」として開館した三重県にある市立美術館です。一九八五年に改修し、「桑名市博物館」としてリニューアルオープンしました。当館では、もともと学芸員資格を持つ大学生／大学院生を臨時職員として雇用していましたが、私が就職してから、学芸員を目指す学生を積極的に雇用することにし、実際に働いていく上での心構えや技術を指導するようになりました。

大学では実際に作品に触れる授業はありますが、それはあくまで授業の一環であり、たとえて言うならば自動車教習所の中で運転しているようなものです。そのため、作品の取り扱いなどの実務は、ほとんどの学芸員が就職してから初めて具体的に学んでいるのが実情でしょう。日本の大企業に特徴的なＯＪＴが、学芸員のような専門職にも当てはまってしまうわけです。私も、作品の具体的な取り扱い方については、最初に就職した北九州市の小倉城庭園で働きながら苦労して学びました。そのため、就職する前に実務を学ぶ機会をもっと増やすことが出来れば、と常々考えていたので、実践してみることにしました。

当館での指導は多岐にわたります。電話の出方やあいさつといった基本的な事項にはじまり、作品の取り扱い、展示方法、資料撮影、資料保存など実物資料を取り扱った業務を行ってもらいます。また、市民の方から寄贈依頼などがあればお邪魔して調査やお話をうかがいますので、同行した際の訪問先への訪問マナー、また調査や見学に来られた他館の学芸員への引き合わせ、館内パネルの作成など、学芸員として押さえておくべきことがらを経験してもらっています。こうした経験は、特に就職活動時の面接などで生きるメリットがあります。そのため、当館出身者はミュージアム業界で広く活躍しているのでしょう。

ミュージアムの学芸員とは

学芸員、という職種をあまり知らない人は「博物館の中にいる人みんな学芸員」と思いがちですが、そうではありません。公立博物館であれば、館長に加え学芸員・事務職員が配置されるのが一般的です。

博物館法第四条の四により、

学芸員は、博物館資料の収集、保管、展示及び調査研究その他これと関連する事業についての専門的事項をつかさどる。

と定められていますので、学芸員は「専門的事項」をつかさどる業務ですが、その実態は館によりさまざまです。また、正規職の学芸員の身分についても、公立館の場合おおむね以下に大別できます。

A　各自治体の学芸員募集を受験し、合格した正規職員。

B　一般職で自治体に就職し、学芸員資格があるから等の理由でその自治体のミュージアムへ異動となった職員。

C　教職員で、自治体のミュージアムへ異動となった職員。

このうち、皆さんが目指すのがAだと思います。本書のノウハウもそれを前提にしています。原則異動はないものの、募集の条件など、非常に厳しい制限があります。Bは毎年募集があり、専門の試験もありませんのでAよりは格段に受験しやすいのですが、異動願いを書いてもミュージアムへ異動できるかどうかは神のみぞ知る話です。また、たとえ異動したとしてもそこは公務員ですので、二・三年でまた異動となる可能性が高く、その館に専門職採用の学芸員がいたならば、学芸部門へ手を出すのもはばかられるでしょう。Cも同様で、主に都道府県立館において、学芸員資格を持つ教職員がミュージアムで勤務している例を多く見受けます。このように、さまざまな条件はありますが、必ずしもAの試験にこだわらなくても「正規職員の身分でミュージアムにおいて働く可能性」は充分にあります。

ですから、ＡがダメであったＢ場合、ＢやＣをセカンドオプションとして考えておくのは有効な戦略です。

そのかわり、ＢもＣも学芸業界で人脈を広げられる機会は限定されていると自覚しておくことです。それは、異動があるためです。二、三年で市役所や学校現場へ戻るとなると、どうしても取り組める仕事は限定的となります。

したがって、専門職として就職することが、いわゆる「板の上に立つ」、すなわち舞台に上がることを意味すると私は思っています。

学芸員にとって、館の所蔵資料や地域の歴史・文化に圧倒的な知識を持っていることが最大の財産であり強みです。ＮＨＫの人気番組「ブラタモリ」で土地の歴史や文化の解説役で登場するのは多くの場合学芸員です。そうした人材が地元のミュージアムに根付き、恒常的に調査・研究にたずさわっていることが、じつは地域社会にとってのかけがえのない財産なのです。

非正規雇用について

学芸員にも、正規雇用と非正規雇用があります。基本的に私は学芸員を志望する人は正規職員を目指して欲しいと思っていますが、さまざまな事情から非正規雇用で働く人もいます。

非正規雇用の学芸員は、試験が公務員試験のように複雑でなく、志望者も少ないので合格しやすいのは利点です。また原則異動がないのも業務に集中する点では良いでしょう。しかし、一年更新が多く、雇用が安定していないのは精神的にも非常に負担が大きく大変です。また、館により正規と非正規で職掌が異なることがあったりしますので、自分の力を発揮していく上では将来的には正規職員を目指すことをお勧めします。

ただ、これは私の反省材料なのですが、他館の非正規雇用の職員である麻丘さん（仮名）と仕事をしたときのことです。麻丘さんは親切・丁寧で本当に仕事がよくできる方でしたが、非正規（任期付き）とお聞きしたので、外部の人間が口を出すのははばかられつつも、

「あなたのような優秀な方はきっと引く手あまただと思いますので、ぜひ正規職員をめざしてがんばってください」

と伝えしました。のちに、業界通の村崎さん（仮名）にこのことを伝えると、

「たしか麻丘さんは素敵なパートナーがいらっしゃってお子さんも小さいらしいので、現状がよいと聞いたことがあります。ただし人を正当に評価するのは素晴らしいことです」

と教えていただき、ライフスタイルは人それぞれなので、外部の人間がいらぬことを言うものではないと心から反省しました。選択をするのは、おのおのなのです。

大学について

それでは具体的に就職の準備を進めていきましょう。あなたが高校生でしたら、まずは勉強して大学入学を目指しましょう。学芸員の出身大学は、世代にもよりますが首都圏であれば東京大学・慶應義塾大学・早稲田大学・東京藝術大学・学習院大学が美術史の出身者の大学としてよく見かけます。歴史学の出身者だと明治大学・中央大学・國學院大学などです。

関西の場合は京都大学・大阪大学・神戸大学と関関同立（関西大学・関西学院大学・同志社大学・立命館大学）出身者をよく見かけます。こうした学芸員出身者の多い大学はコネクションもあり、ミュージアムのアルバイトの紹介や、人脈が広がりやすいメリットがあります。学芸員を将来志望する高校生は、こういった点も考慮しながら志望校を選定してください。

学芸員の資格は大学で取得できます（ただし学部によるので事前にきちんと調べておきましょう）から、必要とされるのは、基本的には学部卒の学歴です。ただ、相応の研究能力は必要とされますので、受験の要項でも大学卒から大学院修了程度が多いと思います。

では実際にはどうかというと、学芸員同士はお互い面と向かって学歴の話はしませんので、著書略歴やホームページのプロフィールなどを見て知る場合が多いと思います。また、自分から言わないのがマナーのような雰囲気もあり、そのあたりは空気の読み合いになります。

なかなか難しいのが、

「東京の大学だったんですけど」

「大学院のときは京都で過ごしてまして」

という〝におわせ学歴〟です。心の中では、「そこまで言うなら固有名詞ゆうて～」と思うのですが、聞くのが良いのかどうなのか、そのあたりもなかなか判断が難しいところです。いずれにせよ、学歴としては大学院修了がひとつの目安となるでしょう。

なお個人的には、学芸員を目指すことはあまりお勧めできません。なぜなら、現状でも確実に「大変な」仕事で、将来的に「大変になっていく」仕事だからです。少子高齢化が確実にすすむこの国において、文化財を守っていく仕事は尊い仕事ではありますが、社会保障など他の政策課題に比べて後回しにされがちな業務でもあります。さらには、そうした費用は自らである程度「稼ぐ」ことも要求されつつある時代です。その点をまずは承知しておいて下さい。

あなたが大学生でしたら、まずは学芸員資格の単位を取ることと、学芸員志望であることを家庭の方に相談しておいてください。自分の思うところに就職できないかも知れないこと、就職浪人する場合があること、実家を出ていく可能性があること、などです。多くの家庭が学芸員の就職を一般的な就職と同様にとらえていることが多いので、事前にそうしたことを相談しておくのが良いでしょう。相談しづらい人は、本書をそっと家庭の方に渡し、「読んでおいて」とメモを残しておくのが良いでしょう。お役に立てれば私も大変嬉しいです。

そして大学の指導教員や博物館実習を受け持つ教員に学芸員志望であることを相談しましょう。うまくいけば、どこかミュージアムのアルバイトを紹介してもらえるかもしれません。学芸員を目指すのであれば、ミュージアムでの勤務経験は大きな武器になります。

大学での専攻は何を選ぶべきか

それでは大学での専攻は何を選ぶべきでしょうか。じつは学芸員は多種多様で、文系から理系まで幅広い職種があります。

かつてインターネット上において、学芸員を志望する学生から、「どんな研究をすれば学芸員になりやすいか」という質問があがり、少々話題になったことがありました。
その際、学芸員になった人には、

A「研究をやりたくて、結果的に学芸員になった」
B「博物館で働きたくて、なった」

の二つの系統があるという話になりました。役所の辞令で仕方なく……という方もないことはないでしょうが、ごく少数だと思いますのでここでは省きます。このうち、圧倒的に世間のイメージが良いのがAです。

「別に学芸員を目指していたんじゃなくってさ……結果的に……なれた？　みたいな」

ミュージアムを舞台にしたテレビドラマでイケメン主人公が言いそうなセリフです。それに対し、「博物館で」働きたい、という気持ちが強いのがBの方です。この質問が話題になった際、「SNSで学芸員と名乗る方」で大勢を占めたのはAで、むしろ、「Bの人なんているの？」といった論調でした。

私はこれに違和感がありました。たとえば歴史学を専攻し、せっかくなのでこの分野を活かして生きていきたい、いわゆる「メシのたね」にしたいと思った際には、教員、学芸員は選択肢に上がってくると思います。そうした中で、モノに近い環境に就職できる「学芸員という職務」を就職先として選択するのはきわめて理性的な選択だと思います。逆にAの方は、おそらく研究がしたくてしたくてたまらない人でしょう。それはもうその人の個性ですので、「研究者を目指した結果学芸員になった」という人は学芸員から大学教員などの次のステージに移るケースも多いように見受けられます。もちろん、多くの学芸員はAとBの心情が両方あり、その配分割合の違いといった程度のものでしょう。

実際、歴史学を専攻すると、就職できる分野は大学教員、高校・中学教員、学芸員、公務員といったところに限定されてきます。したがって私自身はB要素が強めです。ただ、専攻は自分の取り組みたい分野を選びましたので、いわゆる学芸員に「なりやすい」分野を選んだわけではありません。やはりこうした仕事は好きではないと続きません。もちろん、好きだからこそ大変なことは多いのですが、そのバランスを考えておくべきです。

当然、学芸員である以上、研究能力は必須ですので、まずは自分の一番好きな分野を選ぶのが最善の手だと思います。

そうした建前は建前として、現実的に「なりやすい」分野を考察していきましょう。「なりやすい」という点からいえば考古学が一番だと思います。単純に募集の数が段違いに多いからです。文化庁ホームページ「埋蔵文化財」には以下のようにあります。

文化財保護法では、周知の埋蔵文化財包蔵地において土木工事などの開発事業を行う場合には、都道府県・政令指定都市等の教育委員会に事前の届出等（文化財保護法93・94条）を、また新たに遺跡を発見した場合にも届出等を行うよう求めています（同法96・97条）。出土した遺物（出土品）は所有者が明らかな場合を除き、発見者が所管の警察署長へ提出することになっています（同法１００条）。

土木工事等の開発事業の届出等があった場合、都道府県・政令指定都市等の教育委員会はその取り扱い方法を決めます。そして協議の結果、やむをえず遺跡を現状のまま保存できない場合には事前に発掘調査を行って遺跡の記録を残し（記録保存）、その経費については開発事業者に協力を求めています（事業者負担）。

このため、発掘調査に従事する人材を各自治体は確保しておく必要があり、考古学の担当者を学芸員として雇用している例が多いからです（地域によっては「技師」として扱うところもあります）。

ざっくばらんに申し上げると、続いて歴史、美術（日本）、民俗という順に募集が多い印象があります。ただし、少ない採用枠に多くの志望者が受験しますので、そのあたりは運が左右します。また、教育普及や保存科学といった分野で出る場合があります。こうした分野はニッチな分、倍率はさほど上がらないと聞きます。

逆に少ないのは自然史系で、昆虫や動物はまだ昆虫館や動物園・水族館がありますのでまだ募集があるのでしょうが、地学や天文などでは相当厳しくなってくると思います。私も仕事柄学芸員募集には良く目を通しますが、自然系学芸員については募集そのものが希少な印象です。

だからといって、自らの意に反して考古学を選択するというのは本末転倒です。まずは自分が興味の持つ分野に取り組み、そのうえで就職を考えるのが将来のことを考える王道です。

どうやって就職するのか

学芸員あるあるなのですが、「他の地域のAという館からBという館へ移ってきました」とか「前の職場はC館でして」と一般の方に伝えると

「転勤ですか」

と言われることがあります。同じ地方自治体内や複数の館を所有している財団での転勤はあり得ますが、Aのミュージアムをやめて、Bのミュージアムを新たに受験しなおして移ってきている、つまり「転職」が一般的だと思います。また、私が大阪府出身というのを知ると、

「どうして（地元の）大阪の博物館に就職しなかったんですか」

と言われることもあります。それは私が地元にいたときは大阪府下のミュージアムでは募集がほとんどなかったためですが、たしかに、一般のイメージからすると非常に不思議なことだろうと思います。学芸員の募集は毎年毎年あるわけではありません。退職などによって、枠が空いた際に募集がかかりますので、自分の居住地近辺で運良く出ればよいですが、就職活動をしている時期に出ない可能性もあります。その場合は日本全国、いずれかで出た募集を受験することになります。

アナウンサーを目指す人が、全国各局の募集を受験するのと似ているでしょうか。ただし、

学芸員の場合は、自分の専攻にあった募集がかかるかどうか、そしてそれに合格するかどうか、その意味では需要がどこで出るか見極めづらい、非常にギャンブル性の高い就職活動だと言えます。そのため、学芸員を志望する場合、まずは「自分が行きたい館に必ずしも行けるとは限らない」ということを自覚してください。

ところが、そうした現実を前にしても、

「家から通える範囲で」
「せめて本州には」
「雪のないとこがいいです」
「多摩川より西は嫌です」

という志望者がいるようです。そうした言葉を聞いたときは、様々な事情もわかるのですがあえて厳しく

「判断が甘いッ！」

と言いきります。

学芸員の就職は、端的に言うと

「あなたが選べるんじゃないんです。選ばれるものなのです」

ということに尽きます。学芸員の就職事情は圧倒的な買い手市場です。一時期よりも近年はかなりマシになってきましたが、基本的な構図は変わりません。しかも有名館の正規職員となれば確実に買い手市場です。これは間違いありません。

にもかかわらず、「自分が就職できる館を選べる」と考えている志望者が一定数います。当館で働いていた学生にもいました。まずそうした考え方について、本当にそれでよいのかどうか、と向き合ってもらうのが当館の最初の役割です。学芸業界を目指すのであれば、まずは場所についてはフラットな思考を持つ方がよいと思います。

「ここは遠いからやめておこうか」

と思った瞬間が〈敗北〉の始まりです。後述しますが、合格はどこでやってくるかわかりません。合格するためには、まずシンプルにとにかく受験数を増やすことです。「来た球はすべて打つくらいのつもりで就活をしないと合格通知は勝ち取れない」というたとえに、無事学芸員になった人の多くは納得するでしょう。

もちろん中にはすぐに合格し就職する方もいますが、そうした人は実力と運を両方兼ね備えた、将棋界でいうと藤井聡太さんのようなスターです。自らが学芸員界の藤井だと信じている方であれば私からは何も申し上げることはありませんが、そうした事例はほとんどの人にとって就活の参考にはなりません。

そして、これはパラドックスなのですが、合格に到らない志望者ほど、受験を嫌がります。一つ二つ不合格が届くと、気持ちが落ち込んでしまうのです。その気持ちは痛いほどわかります。なぜなら私も多くの「不合格通知」、いわゆる「あなたのご活躍をお祈りします」という「お祈り手紙」を頂いたからです。受けても受けても合格できない日々でした。どうしたら合格するのかわからず、方向性を見失っていたと思います。運良く小倉城庭園に合格しなければ、私はおそらく学芸員として仕事をしていなかったでしょう。今であれば、合格は運であり、数はこなすべきである、というのは当たり前のことだと納得できたでしょうが、当時はそうではありませんでした。ですから、いかにしてメンタルを保ち、運を引き寄せるのか、という考えがとても重要になってきます。

取り手と受け手のマッチングアプリ

二〇年前の話ですから参考にならない部分もありますが、一事例として自分の就職活動について紹介しておきます。在籍していた立命館大学大学院の雰囲気は研究こそが第一で、就職について日常的に話をするようなことはありませんでした。私自身はできれば修士課程修了と同時に就職したいと考えていましたので、大学院在学時から学芸員試験を受けはじめましたが、これが見事なほど全く受かりませんでした。

私は日本近代史を専攻していたのですが、そもそも「近代」といったくくりでの学芸員募集というのは非常に少なく、必然的に「日本史」「歴史」の分野の試験を受けることになります。しかし、そうした分野は事実上「中世」か「近世」の募集がほとんどなのです。必須となる能力は古文書読解力、特に中近世の古文書を読む力です。私はそうした読解力が不足していただけではなく、専門も近代史であったため、その時代を専門にする志望者とは大きな実力差がありました。そのため、不合格の日々が続いたのでしょう。合格しない⬇なぜだかわからない⬇迷走する、という負のスパイラルにおちいってしまったのです。

また、エントリーシートの書き方でも大きな問題があったと今では思います。大学院では「学芸員として就職したい人向けの指導」というものは全くありませんでした。就職サポートセンターにも行ってみたのですが、親身になって話は聞いてくれたものの、思うようなアドバイスはもらえませんでした。

これは、私が在籍していた立命館大学が不親切である、という訳ではなく、年に一人か二人合格するかもしれない学芸員志望者に就職ガイダンスを実施するのは費用対効果の面からみても合理的ではありません。そうした中でどのように生きのびていくのか、を考えるきっかけにしてほしいのが本書の趣旨です。

現在はインターネットから募集情報を入手するのが一般的だと思います。「学芸員募集の掲示板」や各自治体のホームページなどに常に目を光らせ、自分の条件に合致する募集をリサーチします。私が就職した二〇〇〇年当初は徐々にそうした形式に移行し始めていたものの、まだまだ本格化しておらず、大学院の事務室の前に掲示される就職情報を見て探すというのが一般的でした。我々の世代よりひと世代上の先輩は、ミュージアムの設置ラッシュだった時代のせいもあり、研究室から斡旋されて就職した、という話をよく聞きました。正直どこの国の話だろうと思いながら聞いていましたので、このあたりの世代間断絶は本当に根強いと思います。

さて、募集が出るたびに様々な館を受験し、何連敗（一〇館くらいは落ちたと思います。

した)した来る日も来る日も普通郵便のペラ一枚が届くのは本当に情けなく、つらい日々でしたかわからない中で、福岡県北九州市の小倉にある「小倉城庭園」の学芸員募集要項が大学院事務室前の掲示板に貼られていました。二〇〇二年の夏のことです。採用は一〇月から、条件は契約社員とあったものの、半年勤務のあと延長ありとの条件でした。小倉には行ったことがないので観光がてら行ってみようか、といったくらいの気持ちで履歴書を送りました。すると運良く書類審査を通過し、次は現地での面接でした。きちんと答えられたかどうかわかりませんでしたが、小倉城庭園をゆっくり見学して帰りました。もう二度と来ないかもしれないと思ったからです。結果は運良く合格でした。うれしかったのと、知らない土地で一人暮らしをすることと、学芸員として果たして務まるのかという三つの感情がない交ぜになったのを覚えています。

小倉城庭園は秋からの採用でしたが、このような「中途半端な時期の採用」というのはまず狙い目です。通常は四月一日採用が多いのですが、新卒者も同様に狙ってくるので、どうしても競争率が高くなります。ところがこの中途半端な時期採用というのは先任が病気や転職で急に穴が開いたところを埋める人事なので、「人がものすごく欲しい」にもかかわらず「新卒が受験しない／できない」というミスマッチが発生し、狙い目となりやすいのです。いわゆる就職浪人をするのであれば、こういうケースを積極的に狙うのが学芸員になるための近道だと思います。ただ、就職浪人をする際にはミュージアムの非常勤職員や、大学院の科目等履修生など、どこかに所属を持っておくことをお勧めします。これは、他館よりコンタクトがある際の連絡先を確保しておく必要からです。

実際、当館でアルバイトをしている陣内さん（仮名）宛に、とある有名館の館長から直に電話が掛かってきたことがありました。その時は不在でしたのでのちに出勤した際に陣内さんが掛けると、館長がぜひお会いしたい言ってきたというのです。

「それは絶対予備面接だから相手がラフな格好で、といってもスーツで行くべきです」

とアドバイスをし、陣内さんもきちんとした格好で行ったそうです。陣内さんも優秀な学生でしたが、それまでなかなかチャンスを得られませんでした。しかし、そこで館長のお眼鏡にかなったようで現在は有名館で活躍しています。私はこの経験から、やはり普段からきちんと仕事に取り組んでいると、見ている人は見ているということ、また陣内さんのその後の立派な仕事をお聴きするにつれ、「地位は人を作る」ということ、この二つのことを学びました。

さて、小倉城庭園での学芸員は嘱託、すなわち任期付のいわゆる非常勤学芸員でした。小倉城庭園では皆さん温かく迎え入れてくれました。大阪から一人でやってきた頼りない学芸員を元気づけようとしてくれたのでしょう。大変ありがたかった半面、仕事については学芸員一人館でしたので、何をすればよいのか模索する日々でした。聞くべき先輩もいないところで途方にくれながら、自分なりに試行錯誤してやっていきました。正直に言うと、大学で学んだ博物館学は現場ではあまり役に立ちませんでした。できれば、もう少し具体的なマニュアルがあれば、とその時に思ったことも、本書の執筆動機のひとつです。

契約職員ですので、任期後にはどうなるかわかりません。そうした不安と、一人暮らしをするには心細い給料、知らない土地での生活、初めての社会人経験など、さまざまなプレッシャーに押しつぶされそうになりながら、業務に取り組んでいきました。学芸員一人館は大変ですが、ローテーションではなく、たくさんの展覧会を経験できるという強みがあります。また、さまざまな分野の作品を扱えるため、取り扱いに習熟しやすいメリットがありました。実際私も一人館で複数の展覧会を同時並行で回していくうちに、業務のコツとすべてを自分で負わねばならないという責任感が短期間で醸成されたと思います。

そうした中、小倉城庭園が指定管理者制度を導入することになりましたので、再び就職活動をする必要性に迫られました。当時、私が応募できそうな募集が四件ほど出ていましたので、それらを受験しました。ひとつは書類選考で落ちましたが（図書館施設でした）、のこり三件は筆記に進み、うち二件は最終面接まで進みました。大学院生のときはあれほどエントリーしてもほとんど門前払いだったのに、今回は比較的順調に進んだのも、やはり「経験者の強み」があったからだと思います。また、私も学芸員として働くうちに自然とエントリーシートの適切な書き方を習得していたのだと思います。

こうして、二〇〇四年四月から桑名市博物館に奉職することになったのです。

専門について

私は専門が日本近代史（就職してからは美術史がメイン）でしたので、これもまた受験機会を制限する足かせとなっていました。いわゆる人文系四ジャンルの中では、考古・歴史・美術・民俗の順番に募集が多いと思われます。ただし歴史はざっくり古代・中世・近世・近代とわかれますし、美術も日本美術・西洋美術・現代美術とわかれます。また日本美術の場合、「近世絵画」「彫刻」「デザイン」などさらに細分化していきます。このように、募集要項にはおおむねその専門分野が書かれるので、それ以外のジャンルはなかなか受験する機会がないことになります。

あくまで私見ですが、歴史なら近世、美術なら日本美術がもっとも受験機会が多いかもしれません。ただし倍率も高いので、採用は絶対的に「運」が左右するというのは胸に留めておきましょう。対策としては、繰り返しになりますが受験数を増加させることが近道なのは言うまでもありません。受験数増加のメリットは、試験の雰囲気に慣れることと、面接などでは同じような質問が出されることが多いため、対策が立てやすくなることが挙げられます。そしてそもそも募集数が少ないわけですから、目の前に条件が合う募集が出たら残らず受験するという意志の強さは極めて重要であると思います。

また、たまに「学芸員（歴史）」といったアバウトな募集が出る時があります。そういうときは歴史の専攻であればとにかく受験することです。その館は近世史料が豊富だったから中世志望の自分は向いてないな……などと思って遠慮してはいけません。戦術的に受験機会を増やし、数を打つことは重要です。全部勝つ必要はないのです。一回でも合格すればいいのですが、ただそれは合格した人にしかわからない、というのが難しいところです。私もこれまで多くの学芸員志望者の相談に乗ってきましたが、なかなか本人に真意が伝わらずにもどかしい思いをした記憶がよみがえります。

私の知り合いに、非常に優秀で、性格的にも仕事的にも問題ない実力を持つアン・ハサウェイさん（仮名）という女性がいました。私は間接的に就職の相談に乗っていたのですが、どこを受けても不合格ばかりというのです。

当時の私はそういう相談を受けて何か有効な戦術を授けられるわけでもなく、メンタルをしっかり保ちあなたの実力なら大丈夫、どこででも通用するのは私が保証します、いずれあなたが天下を取って自分を採用しなかった館を見返すことができるかも知れないからね、と元気付けることしかできませんでした。ただ、前向きな人間は神仏が救うもので、アンさんはその後しっかりと良きところに就職を決め、幅広く活躍しているときいています。美談にするつもりはありませんが、屈辱をバネに見事羽ばたいたともいえるでしょう。その意味では、少々の挫折にめげないメンタル面も学芸員の就職活動には必要だと思います。

ただ、何度も何度も「ご活躍を祈念します」というペラ一枚をもらい続けることで、ショックを受けてしまう人が多いのがこの業界の就職活動だと思います。それをいかに乗り越えるか、あるいは第三者的な視点からアドバイスをしてくれる人が身近にいるかが重要な点ではないでしょうか。たまに一発で合格を勝ち取る人もいますので、繰り返しになりますが、これはもう運としか言いようがありません。

しかしそれはあくまで職業人生のスタートの運にしかすぎないことも事実であり、その就職先がその人にとって「良きところ」かどうかはまたわかりません。その後どうなるかは本人の努力と資質、そして就職先の環境にかかっているといえるでしょう。皆さんははてしなく遠い「学芸坂」をのぼりはじめたばかりなのです。

面接までいけばあとは運

学芸員の試験はおおむね筆記試験と面接試験に大別できます。面接は一、二度あり最後は三～五名ほどの最終面接が待ち構えている、というのが一般的です。

その面接まで進めない、という場合は筆記試験対策が重要です。まずは公務員試験の準備をきちんとする。そして、受験しようとする館の収蔵品や方針、力を入れている分野の傾向などをホームページで確認しておくのが良いと思います。

また馬鹿にできないのがエントリーシートの写真です。ついつい自分で撮影したものや、駅やスーパーなどにある証明写真機などを利用してしまいますが、就職活動用にきちんとした写真を写真館などで撮影してもらいましょう。そしてある程度の数を焼き増しして、就活に使用するのが良いと思います。容姿がどうこうではなく、やはり他人に見て撮ってもらうことが大事なのです。第三者、しかもプロのカメラマンの視点で姿勢、表情を指導して、さらに撮影までしてもらうのですから、必要コストと割り切り、それが就職活動に掛ける本気度を表していると思ってください。

また、エントリーシートそのものについても他者視点で確認してもらうのが良いでしょう。担当教員や、大学の就職サポートといったところに相談してみるのが良いと思います。当館でもアルバイトさんの就職相談に乗っています。

ところが、相談をしたがらない人が一定数います。その気持ちもわからないではありません。若い学芸員志望者はたいがいプライドの塊ですから、他者への相談、依存なんてもっての他なのです。若さゆえにこじらせている面もあるでしょう。その意気はそれでいいですし、そういう人の方がこの業界では活躍する可能性が高いように思います。ただ、ある程度人の意見を受け入れる柔軟性もやはり大事ですし、そうした人の方が就職しやすい傾向は確実にあります。ぜひ「学芸員合格」という大目標のためには、自らのプライドを一時封印する、という戦略も考えてみてください。

さて、指導する際にはエントリーシートの添削もしますが、そんな小手先の対応だけでは面接において質問に適切に対応できません。しっかりと自分で腹の中に落としこんで反射的に話せるくらいにしないとダメだと思います。結局、「普段の自分」以上のものは面接では出せませんので、いかに普段からミュージアム業界のことについてアンテナを張り、考えを巡らせているかが重要です。

面接

学芸員の就職試験でやはり重要なのは筆記試験で、筆記で一位の成績を取っていればまず合格確率は半分くらいというところでしょうか。やはり筆記一位を落とすのにはそれ相応の理由が必要ですので、まずは筆記試験でしっかり点を取れるように頑張ることが大事です。特に志望者が油断しがちなのが公務員試験、いわゆる教養科目の方で、これもしっかり対策しておきましょう。高校教科書程度の知識ですので、きちんと取り組んでいれば優秀な学芸員志望者は比較的容易く高得点を取ることができるでしょう。

意外と落とし穴なのが時事問題で、家にテレビや新聞がなく、ニュースをすべてネットに頼っていると、自らの興味のある範囲のニュースにしか触れることができないため、いわゆる時事ニュースに疎くなりがちですから留意しておきましょう。また、学芸員志望者は理系科目が苦手な人が多い傾向がありますので、数的推理や自然科学といった分野を重点的に勉強しておくと他の受験生との差がつきやすいと思います。

無事筆記試験で合格し、面接まで行けばあとは運です。さまざまなしがらみが絡み合うのでこれぞ、という必勝法はありません。

必勝法はありませんが、傾向と対策はあります。まずオーソドックスですが、うじうじした内向的な感じや、声がこもるといった印象を面接官に与えるのはＮＧです。学芸員は人前に出ることも多い仕事ですので、コミュニケーション能力の優劣は重要視されると思います。また、面接の場はどうしても普段より緊張するので、場数を踏んである程度慣れることも必要でしょう。そのためには数多く受験することが重要です。

いずれにせよ、コンスタントに面接まで行くようになれば本採用まであと一歩です。個人的には一〇回くらい面接まで行ければ、そのうちのどこかで合格しそうなイメージは持っています。ただ、就職活動を始める前に、どこで学芸員への就職を諦めるかという「撤退戦」のイメージもあわせて持っておいた方が良いでしょう。

たとえば三〇歳まで、あるいは一〇〇回試験を受けるまで、といった自分なりの具体的な限度を設けておいた方が良いと思います。そうしないとズルズルと「消耗戦」を強いられることになります。

やはり「限度」というのは「あること」が大事で、私も何度か当館で働いていた学芸員志望のアルバイトの方に「今年までしか面倒みられません」と伝えたことがあります。いくら学芸員になりたくても、ズルズルとアルバイトを続けていくことが私から見て本人のためにならないと判断した場合は、そのように伝えることが大切だと考えています。

誰も悪役になんかなりたくないですから、こういうことを言うのは本当に心苦しくて辛いのですが、まだ将来のある人にまやかしの未来を見せ続けても仕方がありませんので、心を鬼にして伝えています。

面接官

どのような面接官にあたるのかも運です。通常、面接官が誰なのかはわからず、相手の性格や好き嫌いといった情報を事前に調べたうえでの戦術も立てられません。いわば、プロレスでいう肌が合う／合わないという数値化や標準化ができない個人的な感覚が重要になってきます。

また、面接は複数人で対応することが多いのですが、組織上の上下関係とは別に、その複数人の中で実質的な「決定権」を持っている人間が確実にいます。戦術的には、その「決定権」を持つ人間に自分を強くアピールしていくのが正しいのですが、なかなか面接という特殊な場においてはそこまで気が回らないかと思いますので、そういうこともある、という意識を持っておくだけで良いと思います。

たまに「面接ですごく大切に対応されました」という報告を受ける場合がありますが、ネガティブな結果に終わることが少なくありません。面接は恋愛の要素もありますので、「いかにして嫌われないように断れるか」という面もあるからです。むしろ、細かい点を聞いてくる場合が高評価のような話も聞きますが、たしかにそうした傾向はあるかも知れません。

ですので「私のこと、どれだけ愛してるのッ！　あなたの気持ちを聞かせてッ！」系の質問が来ればこれはもう「合格に一歩近づいた！」（相原コージ・竹熊健太郎『サルでも描けるまんが教室』）

です。その手の質問で多いのが

「今、他館を受けていらっしゃいますか？」

です。これを恋愛言葉に翻訳すると「ほかに君にアプローチしてくる人はいますか？」ということです。確実に脈があります。

「はい、三つほど受けています」

とここは正直に答えてみたいところです。問題は次の質問です。

「うちが合格を出したらうちに来てくれるかな？」

こちらに対してはもちろん

「いいとも！」

と言いたいところなのですが、ここは少し考えながら、

「もちろん貴館を第一志望に考えております」

と言っておかないといけません。それが採用への第一歩です。正直に

「ええっ、じつは貴館は三番手でして。某館受かったら某館にしようかと……」

などと口が裂けても言ってはいけません。それは大人のマナーですし、プロレスでいう「ロープにふったら戻ってくる」レベルのお約束なのです。

少しセメントを楽しみたい人なら

「今ここで内定を出していただいたら、私も今ここで他館に断りの電話を入れます！」

あたりまで切り込んでみるのも良いかもしれません。藤波辰爾選手の髪切り問答なみの迫力が出てくるので相手もたじろぐかもしれません。プロレスファンの採用者であれば

「やれんのか！」

と見事なスキットが完成しそうなのですが、どうも業界にはプロレスファンは少ないのでやめておくのが無難でしょう。

また、真面目な話に戻すと、人事採用は面接のあと、組織の人事権を握る偉い人に「この人を採用しようと思うのですがいかがでしょう」とおうかがいを立て、認めてもらう必要があります。ですので、その場で「君に決めた！」と言われたとしても、単なる口約束にしか過ぎないところがあります。

したがって、面接ではきちんとしている、というところを押し出すのが一番良いかと思います。面接は演劇の要素もありますので、すべて馬鹿正直に答える必要はありません。面接は「要求されることをそれなりにちゃんと振舞えるか」を確認する場所であり、「本音をぶちまける場所」ではありません。

ただし、通り一片の答えをしていると、他の受験生との差が付きにくいので、ある程度個性的というか、自分を出す方が良いでしょう。学芸員の採用枠は原則ひとつですので、筆記試験トップであれば安全策をとった回答でゆうゆうと逃げ切るという形で良いのですが、筆記三番手以下であればよほど面接で良い印象を残すか、筆記試験上位の人が面接で失敗するのを期待するくらいしか勝ち目がありません。そうした際に個性的な勝負手を思い切って放つのは、運を引き寄せる手段のひとつとしてありだと考えます。

まずは就職情報を探す、エントリーシートに取り組む、筆記試験がある場合はきちんと勉強する、面接は運と割り切る、のが基本的な心構えです。面接ではミュージアムのトレンドを質問されることも多いので、ミュージアムでアルバイトをしたり、SNSでミュージアム関連のアカウントをフォローしたりして、情報収集をするのも良いと思います。

どのような人が採用されるか

学芸員採用の際は、なるべく「経験者」でかつ「よい人」を採りたいというのが本音です。「よい人」というのは様々な解釈ができますが、「社交的で、トラブルを起こさず、事務処理能力が高い」というのがまず一般的な条件としてあげられます。なぜそうかと言うと、往々にして「非社交的で、トラブルをよく起こし、事務処理能力が低い」傾向が学芸員志望者に多いと考えられているからです。もちろん研究能力も学芸員にとっては重要なのですが、そうした採用実権を握るポストに、人柄よりも研究能力を重視する人が座る可能性というのは、現実的に多くありません。

ですので、他館でアルバイトや嘱託など非常勤で勤務経験のある人というのは、基本的な業務はマスターしていると判断され、第一段階はクリアする可能性が高いと思います。あとは人柄です。

やはり蛇の道は蛇、ですのでそうした職員の評判はさまざまな形で噂や人事情報として流れていくと思います。どこまでが妥当か私も正直わからないのですが、非常勤であれなんであれ、その人のやっている仕事を評価する、という流れは確実にあります。その人が書いた文章、展示、解説などといった仕事には、性格や人間性が出ますので、些末と思われることでも一生懸命やっていれば、拾う神もいる、ということはあります。逆もまた然りです。

当館でも、図録を発行する際には解説文やコラム、展覧会を担当した際にはキャプション、紀要発行する際には研究論文、講座や展示解説があったらアルバイトの職員に声をかけています。もちろん、署名も入り、実績にもなるものです。ただ、これに積極的な人とそうでない人がいます。学芸員を目指すのであればぜひ積極的に挑戦してほしいと思います。

人柄も重要ですが、実績も無視できません。論文が一本の人と二本の人だと、どれだけ内容が一本の人の方が優れていたとしても、数の論理に敗れてしまうこともあります。なぜならそれが「客観的」だからです。内容は人により評価が分かれますが、本数は「業績が見える化」されているからです。

もちろん個人的にはそれが正しいとは全く思っていませんが、どこまでも我々は「リアル」を生きねばなりませんので、それに即した対応が求められます。しかもこれは今に始まったことではありません。

私が聞いた話だと、二〇年以上前からすでに大学教員の採用でも、内容よりも業績数でしたので、むしろそれが古典化しているともいえます。そうなると、一も二にも積極的に書くことです。書くことに慣れることはとても重要です。また、添削してもらえるうちは積極的に添削してもらいましょう。大学の先生や、先輩を頼ってやってもらうのが良いでしょう。他人に添削を頼むのは、プライドの高い人からすると受け入れがたいことかも知れません。

もちろん、プライドの高さというのも非常に重要で、自らを磨いていく大きな原動力です。これがなければ学芸員としては大成しませんし、自己評価の高さ、というのは自己を形成する重要な要素だと私は思います。ですので、自己評価を高めつつ、さまざまな相手に対し腰を低くして助言を受け入れる、というバランスをいかに取るのか、という点に収斂されると思います。何にせよ、正規の学芸員職に就職すれば誰もそうした助言はしてくれないことは自覚しておくべきでしょう。

とにかく大事なことは、プライドを支える自己評価は、あくまで「他者による評価」でないといけないということです。「自分では頑張ってる」「自分では研究できる方だと思う」「自分では社交的だと思う」ではダメです。そうではなくて、やはり他者から見て「そう思われるように振舞っているか」がポイントだと思います。これは私自身を振り返ってみても十分思い当たることで、今となって大いに反省しているのですが、試験を受けて落ちつづけている時にはなかなかわからないものですので、戒めとして書き記しておきたいと思います。

採用する側の論理

採用する側にも言い分はあります。中小規模館の場合、正規職員で採用する枠は数年に一度、あるいは数十年に一度でせいぜい一人ですので、その環境に適応できない人を採用してしまうと向こう三〇年はその地域にとっても、また採用された人にとっても非常に不幸な時期が続くことになります。これは想像するにも恐ろしいことです。正規職員が一〇人以上いる館でしたら、いろいろな個性の学芸員がいてもそれが館の活性化や多様性を広げる可能性がありますし、マイナスの影響があっても少なくて済みます。しかし、たとえば正規職員が二人しかいないところだと館に与える影響は大きく、運営上大変なことになります。

館が要求する人材の傾向や特長というのは各館バラバラですが、学芸員にはあまり向いていない、という性格パターンは一般的な社会人の要求されるレベルと同様で、

①礼儀がなってない。
②時間が守れない。
③メールを返さない。
④モノの取扱いが怪しい。

という感じだと思います。「えっ、そんな人でも就職できるの？」と思うかも知れませんが、社会で働き始めるとこういう人が割といる現実をきっと知ることになるでしょう。そうした意味では世の中、意外と懐が深いとも言えますので、そういうものだと割り切るしかありませんし、逆説的には希望も広がると思います。とにかく、中小規模館の場合、必然的に「能力」より「人間性」を重視する採用傾向があると考えておくのが良いと思います。

そう言う私も、借用依頼や調査依頼、あるいは挨拶の際、よくよく人を見ます。

「学芸員はモノを見るだけじゃない、人を見るんだ」

というのは就職してすぐに聞いた、とある先達の言葉ですが、今となってはなるほど、と思うところのある含蓄の深い言葉です。つまり、モノを貸す際には、検品をすることも大事だが、扱う相手を見るのも重要だ、ということなのです。そして同時に、相手にも見られているということを意識しないといけません。

指導にあたっての「HNS」

当館でアルバイトしたことがある方なら一度や二度、「HNS」という言葉を聞いたことがあると思います。

HNS＝褒めて・伸ばす・スタイル

それが私の指導スタイルです。さらに足すと「その人にあった」がつきます。

基本的には何があっても褒めます。掛け軸がきちっと巻けたら褒める。掛け紐の掛け方を

忘れました、教えてくださいといってきたら

「一回は覚えたんやな、えらい。わからんかったから聞いてきたんやな、聞けるだけえらい」

と二回褒めます。

叱るのは文化財への「気の抜いた取り扱い」をした際だけです。これは徹底します。今や業界で大活躍している方でさえも若手の頃は

「判断が遅いッ」

と一度は注意されたことがあるはずです。

作品を片手で持とうとした、腕時計をしたまま作品をさわろうとした、作品の底に手を入れるのを忘れた等、そうした時に

「時計っ！」

「底手！」

と容赦なく指導します。これは、モノを取り扱う際の心構えを、自分にも職員にも叩き込むために厳しくすると決めているからです。普通の人は触れることのできない作品群を、自分たち学芸員は取り扱います。その特権の根源はといえば、大げさですが「学芸員資格」という国家資格への国民の信頼です。

したがって、あえて極論を申し上げますと人文系において、「モノを取り扱えない学芸員」というのは資格を持つ必要がない、学芸員と名乗る必要はありません。言い過ぎだとは重々承知しているのですが、これはあくまで私の定義です。考古遺物から刀剣まで、当館でモノの取り扱い方法を懇切丁寧に指導するのはその根本的な考え方があるからで、今まで厳しく注意してきた皆さんには、その気持ちを汲んでいただければ幸いです。

すなわち、たとえ西洋美術専攻の学生でも、当館出身であれば掛け軸や刀剣といった日本美術の資料の取り扱いもひと通り指導します。あとは本人の精進次第です。

こうした指導はやはり人それぞれに「響く注意」ではないと意味がありませんので、なるべくその人の個性に沿った指導をできるようには心がけていますが、どこまで私の指導を受け止めていただけているか、こればかりはわかりません。

以前、お願いしていた原稿締め切りを守れなかった方がいました。他の方の手前、注意せ

ねばならないと判断した私は、ワタナベさん（仮名）に

「あなたの行為について注意しないといけないんですが、どのような注意がいいですか？」

と尋ねたところ、

「石田彰さんでお願いします……」

と言われましたので、

「（締め切りの）さぁ約束の時が来たね。待っていたよ、ワタナベくん」

とメールしたところ、

「あざす！！！」

と返信されました。はたして私の注意は、ワタナベさんの核（コア）に届いたでしょうか。

いずれにせよ、学芸員を目指す人というのは大体努力熱心なのでまたたくまに吸収し、成長していきます。そういう姿を見るに、人材育成を通して少しは文化財の保護に役立つことができたのか、と心の重荷が少しずつ減っていくような、そんな気持ちになります。

そして正規職として就職が決まった学芸員は厳しい指導をすることが多くなります。これは正規職として就職したら「もう指導してくれる人はいなくなるかもしれないから」という心配からです。たとえば、他館から調査や集荷に来た人が不調法であっても、文化財毀損《きそん》に直結しないことならば、現在では注意することはありません。

本書で述べるように、昔は「そういうことはしてはダメですよ」と作法を教えてくれました。しかし、現在はそうした注意をすることは「ハラスメント」という扱いになるので、わざわざ他館の学芸員や研究者には注意をしないのが対応のトレンドです。自己研鑽を怠ってはいけない時代なのです。

第2章

学芸員になったら

第1節　こんな仕事をしています―ある学芸員の一日―

それでは「学芸員の日常」について紹介していきます。「真理は具体的」です。ミュージアムはおのおの仕事の作法があるので、似たような業務はあってもまったく同じ業務は存在しません。したがって、これはあくまで私のとある一日の業務内容にしかすぎません。

しかし、大規模ミュージアムではなく、私が働いてるような小規模の館であれば多かれ少なかれ似たような業務を経験をした方が多いと思います。そういう意味では、ある種の「典型例」とでもいえるかも知れません。

また、毎日このようなスケジュールで仕事を進めているわけではありません。そのあたりはどうぞ念頭に置いてご覧ください。一月のとある日のことです。

なおこの日の出勤者は私、事務職員（正規）、会計年度職員（事務・学芸各一名）の計四名です。

時刻	業務	業務内容・備考
8時15分	出勤	始業は8時30分なので、大体このぐらいの時間に到着しています。
8時20分	館内の見回り、点検	まずは館内をぐるりと一回りし、異常がないかを確認します。特に展示室内は入念に行います。ライトが切れるなど、施設の不具合があればなるべく早めに発見し、対応を心がけます。また、重要なのは温湿度の確認です。データロガーで記録はしていますが、そうした数値の確認と同じくらい肌感覚でのチェックは不可欠です。温度がおおよそ何℃で、湿度が何%程度かは肌感覚でわかるようになっていると、機器のエラーなどの際にも対処しやすくなります。展示開催中の室内の見回りは特に重点的に行います。このため、他館にいっても温度・湿度は気になりますし、計時してあれば確認してしまいます。職業病です。
8時30分	出勤職員によるミーティング	当館はシフト制で、また週一日程度しか出勤しない職員もいるため、当日の予定表を確認し、連絡事項などの申し送りをします。
8時40分	メールチェック	パソコンを起ち上げて、メールのチェック、やる事リストの書き出しを行います。私はスマホにその日やるべき事をメモしていき、後ろに締め切り日などをつけ、タスクが終了する度にチェックをしていく、という風にしています。

8時40分	メールチェック	この日やらねばならない業務は、二階収蔵庫の資料整理業務です。午後から来客が二件ありますので、午前中にやる必要があります。またこうした作業は一人ではできないので、学芸アルバイトIさんにお願いし、9時から入ることにします。それまでの20分で、最終校正用の紀要データの打ち出しをしておきます。午後から来館予定の紀要執筆者へ渡すためです。当館の紀要は編集・印刷が自前のため、こうした作業も担当しています。
8時50分	見積もり依頼指示	職員のMさんに、コロナ対策用の空気清浄機の見積もりを送ってくれた業者への確認電話をしてもらうように指示。
8時55分	メール返信	文化財調査報告書を送って欲しい、というオーダーがありましたのでこれに対応。
9時00分	二階収蔵庫整理作業	当館収蔵庫は多くの資料で満たされていますので、少しでもスペースを有効活用する必要があります。そのため、定期的な整理を実施しています。
9時30分	印刷物仕様書打ち合わせ	二階で作業を始めた矢先に呼び出しです。来客のようです。来客は印刷会社の営業の方で、見積もり依頼を出している印刷物の仕様書についての確認でした。その担当者が休みでしたので、私が対応しました。

9時45分	二階収蔵庫整理作業	再び作業に入ります。棚にある掛軸類の所蔵番号を確認し、整理していきます。いくつか疑問が出てきたので、一度データベースで確認することにします。
10時30分	データベースで確認 中性紙箱作成 来館者用椅子清掃	Iさんにデータベースで所蔵場所を確認してもらい、突合していきます。また、小さい掛軸や資料類は中性紙箱に入れておくので、そのための箱をひとつ作ることにします。Iさんは作ったことがないとのことでしたので、作り方を教えます。作ってもらっている間、倉庫に使っていない椅子があったので、除菌クリーナーでクリーニングしてロビーに出し、来館者が利用できるようにしました。
11時00分	印刷物仕様書確認	まだ中性紙箱が出来上がりそうにないので、その間に、印刷物仕様書の確認を行い、職員Mさんに仕様書内容の補足説明を作るように指示しておきます。
11時15分	文化庁から補助金の件 連絡、財政課に共有	財政課担当者ごとにそれぞれ所管の部局が決まっています。博物館の予算の担当者Yさんは非常に優秀で仕事熱心なので相談がしやすく、いつも助けてもらっています。あわせて来年度の案件についても情報共有をしておきます。およそ組織というものは、「聞いてない」というのがトラブルの元ですので、事情を説明し「ぜひお力を貸してください」ときちんとお願いをしておくことが肝要です。こうした本庁職員との情報共有・連絡を密にしておくのも、館長・学芸員の大事な職責と認識しています。

11時30分	会計管理室に研修の件を連絡	市役所の会計システム変更に伴い実施される研修の参加者リストに当館職員の名前が掲示されていませんでした。そのため会計管理室のＫさんに連絡し、入れてもらうように依頼します。会計管理室の皆さんには、ミュージアムならではのあまり例のない支払いなどでいろいろとご迷惑をお掛けしているにもかかわらず、いつも親切に教えていただき大変お世話になっている部署です。今回もうちの手違いでした、すみません。
11時45分	マスコミからの架電	○ＨＫの某番組担当者から電話がありました、番組内容についての確認事項です。当館の作品が紹介されるわけではないのですが、ゆかりのものが紹介されるとのことです。今回の担当者は大変きちんとした対応をしていただいたので、快く対応することができました。
12時00分	休憩	メールやニュース、庁内掲示板のチェックをしながらお昼をいただきます。基本的にお弁当を食べています。
12時30分	来客	ＪＴＢ担当者Ｍさんが来館されたので、桑名市と共同で進めている案件で打ち合わせをします。Ｍさんもとても熱心な方で、ミュージアムの魅力の発信についていろいろとアイデアを提供していただいています。こうした外部の方のさまざまなアイデアはミュージアム内部から出てくる発想とは違い、いつも参考になります。
13時00分	借用日程調整	資料拝借について、電話で所蔵者と日程調整を行います。

13時15分	借用日程調整	同じくもうお一方と日程の相談。三月からの展覧会なので準備もそろそろ佳境です。
13時30分	二階収蔵庫整理作業	中性紙箱が完成したのでIさんと再び二階収蔵庫作業に入ります。作ってもらった中性紙箱に小さい掛軸類を入れ、空いたスペースに先日寄贈された掛軸を収納していきます。二人で管理番号を付し、棚番号もあわせて二人で確認していきます。こうした確認作業は必ず二人一組で相互確認しておくことが大事です。ひとつ間違うとそれを正すのに何倍もの労力が発生するからです。
13時50分	秘書広報課より架電	秘書広報課Yさんから広報の記事について架電。スペースが大きくなるとのことで、PRにつながり大変ありがたいことです。あわせて来年度の年間予定についてもお願いしておきます。秘書広報課の皆さんもいつも広報やSNS等で博物館を取り上げていただき大変お世話になっている部署です。
14時00分	グリーン資産創造課打ち合わせ	グリーン資産創造課Nさんが博物館の施設の件で打ち合わせのため来館、機器の確認および屋上の立ち合いを行います。グリーン資産創造課とは桑名市においていわゆる施設管理を受け持つ部署で、施設設備工事などで相談に乗ってくれる心強い部署です。この課の人もとても親切で、いろいろと相談にのってくれる頼りがいのあるところです。

14時00分	グリーン資産創造課打ち合わせ	この一月の検査で、以前より指摘されていた変換推奨箇所について、経年劣化や時期的なものもあるので、その方法について相談しました。ミュージアムというとつい中の展示や調査・研究に目が行きがちですが、ひとつの「施設」として安全管理をすることについてはこれまであまり取り上げられてこなかったのではないかと思います。小規模館であれば、こうした施設保全まで館長・学芸員が対応することになります。 その後少し展覧会を案内します。私は市役所職員が館に業務で来られた際には、相手の時間が許す限りなるべく展覧会を案内するように心がけています。当館の展覧会は基本的にすべて桑名に関わりがあるものですので、市役所職員としても地域理解を踏まえて、桑名市政に役立ててもらいたいという気持ちで対応しています。少しでも、自分の就職した「桑名市」の豊かな地域文化に触れ、職員として「シビックプライド」を育ててもらえたらと思っています。 また、市役所職員というのは非常にストレスのかかる職場です。そこで、美しいもの、綺麗なものをみて癒され、知的好奇心を刺激することで少しでも精神的にリフレッシュしてもらえれば、という気持ちもあります。定期的に役所の電子上の掲示板に新しく分かった調査結果や研究成果について簡単なコラムを書き、アップしているのも、そうした思いからです。
15時00分	決裁書類対応	戻ってきた決裁書類を捌きます。著作物掲載などの後処理はMさんへ依頼し、支払いなどもMさんへ。

15時15分	ポスター納品	三月からの展覧会《刀剣幻想曲・再演》のポスターが届いたので納品チェック、館内掲示します。
15時30分	見積もり作成を指示	設備の見積もり依頼の作成をMさんに依頼します。
15時45分	秘書広報課より架電	秘書広報課Hさんから表彰状の文言の件で架電。返信していたとばかり思っていた件だったので陳謝して文言問題なしと返事。Hさんもいつも丁寧な仕事をしていただき助けていただいています。
16時00分	紀要校正打ち合わせ	執筆者各位へ依頼。
16時30分	来年度展覧会打ち合わせ	他館の担当者Dさんと来年度展覧会について打ち合わせ。ケースサイズについては一度事前確認に赴くことで調整。
17時00分	ブランド推進課より架電	来年度会計年度任用職員の件でブランド推進課Oさんより連絡、データ送付の件対応。博物館はこのブランド推進課の中にある組織で、かつ文化行政を担当しているところですので、緊密な連携をとっています。
17時30分	南海トラフ想定訓練アンケート回答	南海トラフ想定訓練の庁内アンケートが来ていたので回答します。こういうのは後回しにすると忘れてしまいます。
17時45分	交通費書類作成	人事課へ提出する書類の取りまとめをします。

18時00分	校正、引継ぎ	戻ってきた校正を反映し、明日他の職員にも確認してもらうように引継ぎメモ作成。
18時15分	文化庁から入金時期の連絡	文化庁からの補助金の入金時期を確認したので、調定の歳入先をどこにするか財政課Yさんに確認のメール。
18時30分	戸締り、退勤	館内の見回りをして、退勤します。

いかがでしょうか。「そんなこともやってるのか」という意外な印象を持つでしょうか。「学芸員のくせに調査や資料研究をやってないではないか」とお叱りの声を頂戴するでしょうか。しかし、多少の変化はあるものの、これが典型的な私の日常業務です。

この日は収蔵庫内の整理作業が少しありましたが、おおむねデスクワークをしていることがわかるでしょうか。理想をいえば学芸員としての調査や研究、展覧会の準備がもう少し入らないといけないのですが、そんな余裕などないのが小規模館の実態です。これを是とするか非とするかはそれぞれ見解のわかれるところですが、小規模館の内情はこうしたものであるということを知ってもらうことが重要と考え、あえて現状をそのまま記してみました。

さて、こうした日常の中で、約束のない急な来館対応というのはいかに困難か、というのがお分かりいただけますでしょうか。ところが、外部の人からするとミュージアムの中の人というのは

「開館日には必ず出勤していて、いつでも対応してもらえる」

と思うらしく、頻繁にアポなしの来客や来館での問い合わせがあります。もちろん、ミュージアムは社会教育施設ですので、質問などは地域文化に興味を持ってもらえた証として大歓迎です。ただし、できれば事前に電話かメールをいただけると、よりスムーズな対応が可能です。

こうした予定外の来客や業務が入ると、他の業務をペンディングせざるを得ません。金銭の支払い、入札準備、各種の締め切り、展覧会準備やそのための調査、貸出依頼の許可出しなどは遅延が許されませんので、結果として締め切りのない、「収蔵品管理」に皺寄せが行ってしまいます。そこへ、「収蔵品管理の徹底」という目標が立てられます。

さらに「働き方改革」をやれと言われてしまうと、円滑な業務進捗は困難にならざるを得ないというのが正直な気持ちです。当然、自館収蔵品の適切な管理は重要な事業ですし、ほとんどの館でセキュリティ・温度湿度管理は徹底していると思いますが、いわゆる「地番管

理」、作品の場所の確認と個別のコンディションチェックについては手が回らないところもあるのではないでしょうか。当館でも折をみて棚ごとに確認作業を実施していますが、ここ数年は寄贈資料が多くそちらの処理に忙殺されています。人手と手間がかかるこの作業は、いわゆる「稼ぐ事業」ではありませんので、ミュージアムの諸事業の中でも後回しにされやすい傾向がありますが、「稼ぐ事業」の基盤となる大事な作業とも言えます。いずれにせよ中小規模館でこうした収蔵品管理作業を進めていくのはよほどの動機付けがないと難しいと思います。

そうなってくると、収集もし、保存もし、展示もし、教育普及もし、広報もし、お客も入れ、データベースも公開し、画像も公開し、動画も公開するという諸事業がすべて可能なのは人材と予算に恵まれた大規模館だけになってしまいます。日本のミュージアムのほとんどが中小規模館である以上、最前線の現場から肌で感じるのは、地域ごとの特性や設置者の意向を踏まえ、どのように最適化していくかではないかと考えています。

第2節　ミュージアムの仕事

ミュージアムには、大きくわけて収集、保存、調査・研究、展示、教育普及の5つの事業があります。そのうちのいくつかを具体例をあげて紹介していきましょう。

収集——桑名のノブレスオブリュージュ

桑名市博物館は二〇二二年時点でおおよそ四千件の収蔵品を所蔵していますが、その90%以上は寄贈資料です。そもそも、日本の多くのミュージアムが「ハコモノ」ありきで作られているのに対し、当館は地元篤志家からの寄贈収蔵のために作られたミュージアムだからです。

そのため、展示会場では、キャプションに「〇〇様ご寄贈」と記入しているのですが、来館者からは「あの〇〇ってのは知り合いの▲▲さんのお父さんなのよ～」と話しかけられることもあり、コミュニケーションのきっかけのひとつとなっています。

私が就職してからも多くの寄贈受け入れを担当してきましたが、入ったばかりの頃、とある女性から寄贈のお話がありました。なんでもご主人が亡くなったので、所蔵していたコレクションを市に寄贈したいとのことでした。早速お宅にうかがうと、小林研三の良質なコレクションが一五点ほどありました。三重県四日市市出身の小林研三は、桑名にアトリエを構え活躍した洋画家です。温かみのある画風は人気が高く、当館でも定期的に展覧会を開催していました。

話をうかがうと、ご主人は小林研三の長年の後援者であったらしく、アトリエに足を運んでは、良い作品を優先的に分けてもらっていたとのことでした。いずれも優品でしたので、さすがにすべて寄付していただくのもどうかと思い、私から奥様に

「これらすべてを寄付でよろしいですか？　旦那様との想い出などもあるかと思いますが」

と尋ねてみました。すると奥様はきっと表情を引き締められ、私の眼をまっすぐ見ながら、

「これらはすべて寄付いたします。桑名に残し、市民の方々に御覧いただきたいのです」

と言い切られたのです。

その時、私はこうした奥様の精神を生み出したこの桑名という街の持つすごみに感動しました。「魂が震えた」とでもいいましょうか。

下世話な話ですが、小林研三の絵は人気がありますので、売却すると相応の値段になります。また経済活動の一環でもありますから決して悪いことではありません。むしろそうした方がマーケットは活性化するでしょう。

しかし「カエサルのものはカエサルのもとへ」ではありませんが、「桑名のものは桑名へ」

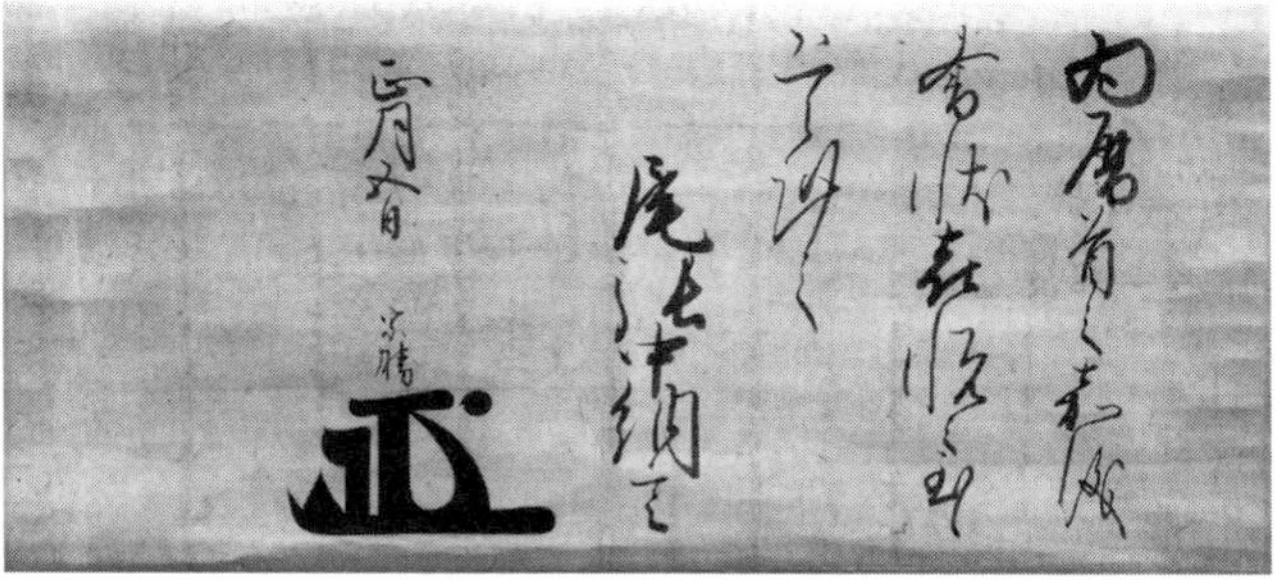

徳川宗勝消息（桑名市博物館蔵）

という言葉の響き、その崇高な精神を生み出した桑名という街の底力に驚かされたのです。

調査研究

調査・研究はミュージアムの根幹です。では具体的にどういうことをやっているか、少し紹介したいと思います。ここにひとつの作品があります。

この時、徳川家康および徳川家に関する展覧会を準備していましたので、収蔵品データベースで「徳川」などの関連キーワードで検索していましたら、こうした史料が見つかりました。作者の徳川宗勝は御三家のひとつ尾張藩の第八代藩主であることがわかりました。次に内容です。

こうした古文書で記される文字を「くずし字」といいますが、歴史学、特に日本史の学芸員であればこの読解力は必ず要求されます。現在はＡＩでの翻刻なども進んでおり、将来的には自動的に古文書が翻刻されるのでは……と思い、古文書の勉強に身が入らない学生もいるかもしれません。

しかしそれは甘い期待であり、残念ながら現時点では否、です。

そもそもＡＩが翻刻してくれた文書が正しい、という判断は誰がするんでしょうか。また、誤記や当て字は生身の人間が修正するしかありません。結局調査する側が読めないと意味がないのです。

さらに、こうしたＡＩによる翻刻の第一人者ともいえる先生に、

「人の手で書いたくずし字をＡＩが読めるようになるのはまだまだ先、というか多分無理」

と言われたこともありますから、まずは地道に訓練していくことです。

古文書の勉強方法を記すことは紙幅の関係からできませんが、私は古文書は楽器と一緒で、毎日練習しないとすぐに衰えていく、と思っています。

ではこの文書を読んでみましょう。最後の行に「正月五日」とあります。五は読みづらいですが、日付が入ることを考えればなんとなく当てられるでしょうか。そうしますと、年初の挨拶状のように思えます。しかし、一行目三文字目は「首」ですから、「□首」という言葉が当てはまるはずです。するとどうも「席」ではなく「暦」ではないか、と同僚の鈴木さ

んが指摘してくれました。『くずし字用例辞典』で調べてみると確かに「暦」です。次に「暦首」という言葉があるかどうかを調べてみます。こういう際の強い味方は国立国会図書館のデジタルコレクションです。とくに「送信サービスで閲覧可能」の実装および「全文検索可能資料の増大」は調査研究を別次元のレベルに引き上げました。これで「暦首」を検索してみると、歴代佐賀藩主の書簡などを収めた『佐賀縣史料集成』に多くの類例があるようです。使用例を確認すると、鍋島家において「暦首」は年始の意味で使用されていたようです。

もちろん、「暦首」ですので改暦、すなわち暦が改められたときの初めの年、そのお祝いで出された書簡とも考えられます。江戸時代の改暦は都合四度行われていますが、じつは徳川宗勝が生きていた一七〇五年から一七六一年の間に改暦が行われています。宝暦五年（一七五五）の貞享暦から宝暦暦への改暦です。あるいはこの年という可能性も否定できません。

逆に宝暦五年が確定している他の年始書簡で「暦首」が使用されているのか調査する必要が……とこのように、ひとつの史料からさまざまなことを調べる必要が出てきます。こうしたデータを公開していくことで、あるいは世の中の「近世年始文言研究家」の人から（いれば、ですが）ご知見を頂戴できるかも知れません。

いわば、学芸員の調査・研究は、自分の専門でなければ、資料の初期知見をつかみ、それを世の中に出すことだと思います。あまり深いところまでやっていては展覧会に間に合いませんし、また来館するのはほとんどが一般のお客さんですから、あまり専門的過ぎても楽しく見てもらえません。そのあたりの匙加減が難しく、また面白いところでもあります。

保存――モノを守るということ

それでは次に保存について紹介しましょう。

モノを守るというのは具体的にはどういうことでしょうか。温度や湿度の管理など、具体的なことは博物館資料保存論で学んでいただくとして、その心構えの点について、私自身が経験したエピソードを紹介しましょう。

ミュージアムではテレビ局の取材で史料の撮影を依頼されることがあります。そうした際、単に史料を撮影するだけではなく、タレントも来られて作品を一緒に鑑賞する、ということがあります。

私も二〇年近く仕事をしてきましたので、さまざまな芸能人の方とご一緒させていただきました。ちなみに私が初めてご一緒した芸能人は永六輔さんです。電話で出演するラジオ番組でしたが、CMどおりのお話ぶりで、親切に応対していただいたのも良い思い出です。これはいわば学芸員の「役得」の部分といえるでしょう。そうした撮影の際、当館でも記録写真を撮らせてもらいます。公開するものではなく、あくまで館の事業として記録を残しておくためです。とあるタレントがテレビ撮影に来られた際も、事務所の方に了承を得て、撮影させていただくべくカメラを準備していました。

その時でした。

いかにも芸能界の敏腕マネージャーという雰囲気を醸し出す方が、私のカメラを見てこうおっしゃいました。


「撮影されるんですか?」

「はい、記録用に撮影させていただこうと思いまして」

「……そのカメラでないといけませんか?」


芸能人はその「存在」が商品価値です。そしてその価値を守るのが「マネージャー」です。その意図を察した私は、「いえ、このカメラでなくてかまいません」と言いました。こうした際、事務所の方はOKしていましたが、と食い下がってはいけません。人間にはさまざま立場と役割があり、ゴネ得はゴネ損を呼び寄せます。

敏腕マネージャーは「オフィシャルで撮影したものを差し上げますので。外には出さず、記念になさってください」と言ってくださいました。

私は、そこに芸能人の価値を守るプロの精神を見ました。もちろん、「メシの種」であるから守るのは当然なのですが、それだけではなく、その人自身を守ろうとする強い意志を感じたのです。責任感とでもいいましょうか、だからこそ言いにくいことでもきちんと伝え、代替案を提案してくれたのです。同時に私は滋賀県立美術館ディレクターの保坂健二朗氏の文章も思い出しました。

私は目下、相手の学芸員に嫌われるのを覚悟して、また展覧会準備中の学芸員にこうした「些末」なことを問い合わせることを申し訳なく思いつつ、借用依頼があると、「警備員に有資格者はいるか？」とか、「温湿度が設定値を外れた場合、それはどのように検知され、またその時の対処方法はどうなっているか？」といったことを問い合わせている。

（「シリーズ：これからの美術館を考える（4）「学芸員」という概念を解体しよう」https://bijutsutecho.com/magazine/series/s13/18268　※保坂氏は当時、東京国立近代美術館主任研究員）

ここに共通しているのは、「守るべきときには言うべきことを言わねばならない」ということです。これを学芸員に置き換えますと、文化財毀損の可能性が高い事由については、いくら無理を言われても断らないといけないということです。言いにくいことかも知れません。

「大丈夫です」といって嫌われない方が楽かもしれません。でもそうした際に一度立ち止まってその判断をよく考えてみましょう。学芸員のすべき仕事とはなんでしょう。それが職業的良心だと思います。当館の学芸員とその芸能人を写してもらった記念写真を見ると、私はそのことを思い出します。

展覧会をつくる──「自前」と「購入」

展覧会には大きく分けて「自前」と「購入」があります。

そのうち「自前」とは、学芸員が企画を考え、展示プランを練り、予算を獲得し（時には助成金も取り）、出品作品を選定し、作品の配置案を考え（これを「図面を引く」といいます）、所蔵先と交渉し、断られたら代替案を考え、写真をそろえ、広報の手配をし、ポスター・チラシを作成し、講演会の会場と日取りをおさえ、来てもらう先生を決めて依頼をし、輸送入札を行い、実際に所蔵先に借用に行き、キャプションを書き、展示原稿を書き、原稿が遅れている先生に再度のお願いをし、図録の校正をし、展示物を並べ、展示解説をし、講座もやり、VIPが来たら対応し、新聞やマスコミが来たら対応し、来てくれなかったら営業の電話をかけ、知人が来たら対応し、解説動画を作成し、SNSをアップし、来館者の質問に対応し、クレームにも対応し、展示中はトラブルが起こらないことを祈り、無事終了したら撤収を指揮し、展示物の返却に伺い、作品をすべて無事返却したらホッと胸をなでおろし、予定よりお客さんが入らなかったら言い訳を考え、助成金申請の分厚い書類を作成する。これでひと段落です。そして次の展覧会にとりかかる……。

これが「自前」です。もちろん展示準備だけが学芸員の仕事ではないので、常に同時並行で何かを進めていくことになります。つらつらと思い浮かぶことを書き連ねてみましたが、自分でやってきたことながら

「ほんまにようやるわ」

と思います。業界に就職してから、これまで細かい展示も含めるとこの二〇年で五〇本以上の展覧会をやってきました。学芸員一人ないし二人の小規模館しか在籍したことがありませんので、展示を担当するサイクルが早く、他の学芸員と比較して経験値を早く積むことができたと思います。これは大規模館と比較して厳しい面の多い小規模館のメリットのひとつです。それだけ展覧会をやってきて思うのは、展覧会をやることは楽しいし学芸員冥利に尽きるのですが、それ以上に大変なことが多いということです。

業界筋とよく言うのは、

「展覧会はやるものじゃなくて観るもの」

ということです。とはいえ、よくできた素晴らしい展示をみると「よしっ、自分も見習って頑張るぞ」と思いますので、そういう点では因果な職業かも知れません。

そして、来館者がみて「ここはどうなの」と思うところは100%担当者もそう思っています。だけどさまざまな理由からそうならざるを得ず、個人の力だけでは「なんともならん」というのが実際のところでして、来館者の立場からでは見えないところで担当者というものは日々苦労しているのです。そのあたりもちょっぴり理解してもらえるとありがたいです。

こうした「自前の展覧会」は、自館のコレクションであったり、学芸員自身の研究テーマに即していたり、なんらか「核」になるものをベースに組み立てられていきます。当館は開館以来基本的に「自前」しかしたことがありませんし、「桑名および三重県の歴史・文化・芸術」というテーマにのっとって展覧会を企画しますので、極端な話、ルーブル名品展などは開催される可能性はほとんどありません。とはいえ、三重県にはルーブル彫刻美術館がありますので、「三重県ゆかりのルーブル彫刻を……」と絡めて展示する可能性は考えられます。また、三重県がスペイン・バレンシア州と友好都市提携をしていますので、スペイン絵画なども展示する理屈はなりたちます。こうした「理屈」をひねり出すのもまた学芸員には欠かせない資質のひとつです。

一方、「購入」というのは、展示企画を行う会社がまるっと全部請け負ってくれる展覧会です。「そういうものがあるのか」と驚かれるかも知れませんが、あります。有名女性歌手の絵画展や、動物写真の展覧会など、カタログをみていますと（そういうカタログがありま す）、「これはめっちゃ（お客さんが）入りそうやな〜〜」とその的確にニーズをとらえたプランニングは感心させられることしきりです。

こちらですと、プランも考えずに済みますし、物販の手数料も入るかもしれないという良いことづくめです。しかもお客も入ります。そこそこのお値段はいたしますが、まぁ全部まとめて、と考えると妥当なのでしょう。当館はやったことはありませんが、これは全国各地で開催され、その館の収益を稼ぎ出していることが多いと思います。

なぜなら、そういう「当たり」の展覧会を開催して収益を生んでおかないと、なかなか「学術的に意味があるがお客が来ない展覧会」は開催できないからです。

ミュージアムの使命としてやるべきは自明で、おそらくほとんどの学芸員が「どっちの展覧会をやりたい？」と聞かれた際には学術的な方を選ぶと思います。そういうものがやりたくてこの業界に来ているはずだからです。

だがしかし、現実には「儲かる」展覧会を一年にひとつは入れておかないと年間の目標入館者数というのは達成できません。そのため、両方のバランスが重要になってきます。

「自前」の変形バージョンがマスコミと組む「委員会形式」です。特に国立館や都道府県立の大きな巡回の展覧会で、主催が「○○美術館、○○新聞社、○○テレビ」となっているのを見たことがないでしょうか。

こうした展覧会は海外などの名品を国内で公開するなど、大規模であり巨額の予算を扱うため、ミュージアム単体では到底予算が確保できません。そのため、マスコミの協力が必要となります。また、企業にもご協賛いただくことになります。ちなみに、こうしたマスコミや企業の文化部の方は業界筋とは放つイメージが違います。美術輸送専門業者のトラックヤードや、業界筋の集まる飲み会でお会いした際にたまにご挨拶をするのですが、きらびやかなオーラを放っているのは概ねこうした方たちです。

古賀太氏の『美術展の不都合な真実』（新潮新書、二〇二〇年）は主にこのマスコミ側の立場から展覧会の内幕を紹介した書籍ですが、協賛企業を募る中にこうした一文があります。

展覧会の収益を確保するために、数百万円でも協賛企業はありがたかった。（一一四頁）

数百万円で展覧会をしているこちらからすると驚くしかない表現なのですが、予算数億からすると「数百万円でも」という感覚になるのも無理はないと思います。こうした大「館」巨砲主義の展覧会が、年初に発売される「今年の見逃せない展覧会！」等に掲載される、一般のミュージアムファンがいうところの「展覧会」にあたるわけです。

伝説の「村正」展

長らく学芸員をやっていますと、一つや二つ「特別な」展覧会を経験するのですが、私にとってそうした展覧会の一つが二〇一六年に桑名市博物館で開催した「村正」展でした。

刀剣ファンにとって知名度の高い村正は、じつは桑名で作刀しており、当館にも地元の神社からのお預かり品を含め、多くの刀剣を収蔵しています。桑名へ就職して以来、手入れがてら少しずつ刀の展示はしていたのですが、これまであまり大々的な展覧会などはやっていなかったこともあって、特段力を入れていた分野ではありませんでした。

それは、刀剣がさまざまな文化財の中でもとりわけ取り扱いが困難なものだからです。古美術資料の取り扱いはいずれもお作法があり難しいのですが、刀剣はその中でもとりわけ厳しい部類に入るのではないかと私は思います。

私が就職した当時、桑名市博物館には百振ほどの刀剣が収蔵されていました。刀剣は錆びないように普段丁子油が塗布され、保管されています。しかし、この油も時間の経過とともに酸化し、それが錆の原因となってしまうため、定期的に塗り替えをする必要がありました。当時当館に刀の御世話で出入りしていただいていた先生に、刀剣の取り扱いについて様々にご指導いただきましたが、先生からは、

「今後はあなたがこの刀の面倒を見ていくんだよ」

と言われ、身が引き締まる思いをしたのを覚えています。その後、旧桑名藩士である川澄家のコレクションが加わり、刀剣類はさらに充実しました。

そうした中、二〇一六年に市内神社ご所蔵の村正等が桑名市指定文化財から三重県指定文化財に昇格したのを記念して、展覧会を開催することになりました。せっかく地元で開催される村正展ですので、熱田神宮や東京国立博物館から村正の代表作をご出品いただき、大規

模な回顧展を開催することになりました。

色々と紆余曲折がありましたが、無事開催の運びとなりました。当初館内でも、刀剣だけの展覧会に対する期待感は全くなく、予想入館者数も二千人程度が最高でした。職員の中には、「千人もいかないでしょ」と言っていた人もいたぐらいです。

ところが。

初日に出勤してみると、どうも雰囲気が違います。PRしたのは市の広報とホームページ程度で、新聞などにはまだ掲載されていません。ところが開館三〇分前には行列ができ始めました。うちの？　展覧会に？　行列？　という不思議な感覚です。

開館と同時に大変な数の来館者が訪れました。文字通り人の洪水です。多くの来館者に、初日に取材に来ていただいた新聞各社の記者も驚いていました。市内ではなく市外、特に県外からのお客さんがほとんどでした。中には台湾からわざわざこれを観るために来られたお客様もいらっしゃいました。

予想もしない多くの来館者の対応とマスコミ各社の取材を終えて、クタクタになって家に帰ると、Yahoo! Japan のトップページに当館の村正展の記事が掲載されているではありませんか。これでようやくとんでもないことになっていると思い始めました。Yahoo! Japan は日本を代表するポータルサイトです。たとえば三時間掲載されていただけでも大変な露出効果が期待されます。この威力を私たちは思い知らされることになります。

翌日から。鳴りやまない電話、満車となる駐車場、渋滞に伴う苦情、足りないチケット、売り切れた図録と問題が山積していきました。これまで一度も取り上げてもらったことのないマスコミ各社からも取材要請が殺到しました。

この時に私は思い知りました。これが「勝てば官軍」ということなんだと。

それまで当館に来たことがない人が来て、「ほんとうに素晴らしい展示ですね」と言ってくれるのです。また、「刀の展示なんて誰が見るの」と言っていた人が、「やっぱり桑名は村正だよね」と言っていくのです。それは不思議でもあり、ありがたいことでもありました。

結果、桑名市の人口の一割にあたる一万四千人ほどの来館者が訪れる、当館開館以来の最多来館者数を記録しました。

私はこの展覧会から二つのことを学びました。

ひとつは、「お客がたくさん入る展覧会が正義とは限らない」ということ、もう一つは「モノに敬意を払えばモノは必ず応えてくれる」ということです。

「村正」展は入館者数でいえば大成功ともいえる数字をたたき出したのですが、あまりに多くの来館者が殺到したため、館内の階段は常に将棋倒しの事故の危険性と隣り合わせでした。

事故なく終わったのは「奇跡」といっても良いぐらいでした。また、駐車場などのキャパシティの問題もあり、「館には館ごとに異なる適正な観客数がある」ということに気付かされました。

もうひとつは、「文化財のチカラ」です。じつは「村正展」は、さまざまな事情から、一度開催を取りやめる可能性があった展覧会でもありました。最終的には、伊藤徳宇市長、当時の村田文化課長、秦博物館長のお三方の御尽力により何とか開催にこぎつけることができました。それはまるで村正自身が未来を切り開いたようで、桑名の人たちが大切に守ってきたその思いに、村正自身が応えたような印象を持ちました。

ミュージアムというものは、資料・作品に真摯に向き合い、周囲に理解を得られるように地道に取り組んでいけば、結果は自ずとついてきます。私はそれが「文化財のチカラ」だと思います。モノを大事にしない人はモノに大事にされません。それを教えてくれたのが「村正」展であったと私は思います。

借用依頼

展覧会にはさまざまなケースがあります。海外から名品を拝借してきて国内のミュージアムを巡回していく展覧会や、自館の所蔵品のみを用いた展覧会までさまざまです。ここでは、自館の収蔵品を軸に、他館より資料を借用して構成する展覧会の準備を紹介しましょう。

まず、他館からモノを借りる際に

「貸して」
「いいよ」

というわけには当然ながらいきません。

具体的にはまず、展覧会のテーマを決めることから始まります。おおむね、様々な館から拝借する大型展だと三～五年くらい前から準備を進めていきます。桑名市博物館の場合は、まずおおまかに一〇年単位で特別展になりそうなテーマを選定していきます。特に没後、生誕、開館、市政などの

〇〇周年

はその年しか使えませんので、最優先となります。たとえば、当館では松平定信に関するコレクションが充実していますが、定信は一八二九年に亡くなっており二〇二九年が没後二〇〇年となります。となると二〇二九年には定信の大規模な展覧会を開催する予定となり、

その前後、二〇二八年や二〇三〇年には松平定信の展示は開催することが難しくなる、といった具合にスケジュールが決まっていきます。

こうして目ぼしいものをラインナップし、次に館蔵品を中心とした企画展を考えていく、という感じです。どういったものが流行っているか、大河ドラマはどういうテーマか、などを勘案しつつ展示案を考えていくのは、大変であるのと同時に楽しい作業でもあります。

そうしてテーマが決まると、次は開催概要を作成します。この開催概要というものは、各館が展覧会を開催する際に必ず作成するものなのですが、大変に奥が深いものです。当館の収蔵品を用いた展覧会を担当してもらうアルバイトさんにまずこの開催概要の書き方を教えるのですが、これがなかなか書けません。しっかりとした開催概要が書けるようになれば、まず学芸員としては一歩前進でしょう。

開催概要は「展覧会の設計書」ともいうべきもので、展覧会のテーマ、開催する意義、期間、料金、主な出品リストなどが書き込まれています。ポイントとなるのは、

「なぜその館で今その展示をやるのか」

です。たとえば、当館で重要文化財《刀　名物「桑名江」》（京都国立博物館蔵）を拝借する際には、

「桑名藩主本多忠政の愛刀であり、地元桑名で発見されたという伝承もあることから、ぜひ里帰り展示をさせていただきたく思っています。特に今回の展覧会では父・本多忠勝所用の国宝《中務正宗》と一堂に並べて展示することで、二代にわたる戦国武将の息吹をぜひ多くの方に感じていただきたく考えています」

という具合に説明をするわけです。こうした説明が、先方に納得いくものであれば、先方の館に出品予定がない限り、ご許可をいただける可能性が高まります。

おおよそのテーマを決め、開催概要を作成するといよいよ出品リストにとりかかります。このあたりは同時並行して進めていくことが多いと思います。かつては展覧会図録をめくってどこにどういった資料が所蔵されているのか探していたのですが、昨今はデータベースで検索してリサーチすることも多くなっています。私は図録と各館のデータベース両方で、関連資料の作品データ、すなわち作品名、所蔵先、寸法、写真の有無、出典などを調べ、エクセルデータに蓄積・管理しています。

公的機関の場合はこれである程度まで調べることができますが、個人所蔵の文化財は所在情報の探索が極めて困難です。そもそも「誰が何を所蔵しているのか」はかなりセンシティブな情報でもあるため、学芸員同士でもその取り扱いは極めて慎重になります。とはいえ蛇の道は蛇で、展覧会などで未見の個人蔵などが多く出陳されることもあり、このあたりは展覧会担当者の嗅覚や勘が試される所です。

こうしたリサーチを進め、とりあえずのリストが一通りでき上がると（これがいわゆる「ドリームプラン」です）、これを元に予算との兼ね合いをみて、出品依頼をかけていきます。出品依頼自体は概ね二年から一年前くらいが相場で、半年前でギリギリ、というのが個人的な感覚です。これは一般常識とはかなりかけ離れているらしく、個人所蔵者には「そんなに早くから頼むの？」とよく言われます。

しかしそれはミュージアムの中では当然のスケジュールで、各館の次年度の年間スケジュールは前年夏頃に組みあがっていくところが多いと思います。これは各自治体の予算案策定とも関連しますので、所蔵館が次年度の出品を確定する前にお願いしておく必要があるからです。たとえば二〇二六年の一月にA館からBという作品を出品してもらおうと思うのであれば、それは二〇二五年度の話なので、二〇二四年の秋くらいまでにお願いしておくのがまずオーソドックスなところです。

なお、三か月前ですと

「大変申し訳ございません、こんな急な時期のお願いで」

という頼み方になり、断られる確率が50％、一か月前なら大体断られるのではないでしょうか。あくまで人文系の歴史・古美術の分野に限っての話ですが、いずれにせよ借用の声掛けは早いにこしたことはないと思います。

始まりはお手紙

さて、借用交渉のスタートです。初めて拝借する館の場合は、私は基本的に手紙を出すようにしています。ただ、担当者が不明でも困るので、最初に電話をし、「資料の借用についてお伺いしたいのですが」と述べ、電話に出た貸出担当者の方に、

「来年秋に〇〇の展覧会を準備しており、ぜひ貴館の△△を拝借させていただきたく思います。つきましては開催概要等お送りさせていただきますのでご検討いただけますでしょうか。あるいは直接お伺いの上、ご説明させていただくことは可能でしょうか」

と相談するのが第一歩です。近年は電話が苦手な方が増えているといいますが、学芸員なら

電話は必須です。もちろん今後はメール等でＯＫとなる時代も来るでしょうが、まだしばらく電話は必要ですので頑張って経験を積んでおきましょう。貸し出しに慣れている館で、こちらの応対に問題がなければ

「承知しました、それではまずは開催概要と貴館のファシリティもあわせてお送りください」

あるいは

「承知しました。それではお手数ですがご来館いただけますでしょうか。いつ頃の来館をご希望でしょうか」

と次の交渉ステージに移行するはずです。ファシリティとは「ファシリティ・レポート」のことで、いうなれば「館の健康診断書」です。温度湿度の管理や収蔵庫の状況、防火・警備状況などをまとめた図面付の書類で、一式準備しておくといいでしょう。どういうものかわからない場合は、所在都道府県の文化財担当者に、重要文化財などの公開の際に文化庁に提出する書類のリストを教えてもらい、それに準じて整えておくのが良いでしょう。

郵送の場合であれば、角2の封筒を準備し、送り状（忘れずにメールアドレスを記しておく。また、自筆で「よろしくお願いします」「以前貴館にお伺いした際に○○展拝見しました」と一筆添えておくとより丁寧になります）、開催概要、ファシリティ・レポート、館のパンフレット、年間案内、招待券などをクリアファイルに入れて送付します。表面に「開催概要在中」と入れておけば大量の郵便物に埋もれることもないので、丁寧な印象を示せるでしょう。

手紙が届いたころを見計らって再度電話を入れます。作品の貸出方針についても、館によってさまざまです。貸出担当者が決定権を持っているところ、全体会議を経ないとダメだが内諾は出せるところ、担当者のあいさつが必須でその人間がきちんとしてるかどうか確認してから決めるところ……。本当に千差万別なので、どういったパターンでも対処できるようにしておいた方が良いため、初めて拝借するところには基本的に挨拶に行くようにするのが良いでしょう。貴重な文化財を貸し出すわけですから、「どんな人間に貸すのか、あるいは信頼して良い相手なのか」の値踏みは先方としてもしておきたいからです。

就職したての時は、これは自分の未熟さ故の話なのですが、そうした発想が全くありませんでした。そのため、ファックスを送り、作品を貸してくれるかどうか、を機械的に聞いてしまったことがあります。

思い返すと汗顔の至りですが、就職した際に学芸員は私一人でしたので、誰からもこうした借用交渉の機微を指導してもらえず、そのような対応をしてしまったのです。今となっては強く反省しているとともに、参考になるような書籍があれば、という思いを強く持ったことも本書の執筆動機のひとつとなっています。

なお、そのファックスを送ってしまった館にはしばらく無視され、のちに確認のために電話をした際には、

「あなたには貸せません」

と冷徹に突き放されました。それで「あ、このやり方はまずいのだ」と気付くことができたのです。とあるお城のミュージアムでしたが、今思えば若輩者の未熟な行為に対し、学芸員の大先達として注意をする、という非常に誠実な対応をしていただいたと思っており、心から感謝しています。

こうしたこともあるので、借用や集荷の際には毅然とした対応を取ることを心がけています。以前、当館に大学の研究室の展示会で使用する、という理由で歴史文書を借用させてほしいという依頼がありました。しかしその依頼は、主催する大学教員から直接来たのではなく、その教員と懇意にしている教育委員会の職員からの話でした。当然開催概要も出品依頼

状もなく、「学生が伺うから貸してあげてほしい」という話でした。学芸員としては到底飲める話ではありませんが、教育委員会がお世話になっている先生ということ、さらには上司のとりなしもあって最終的に貸すことになりました。

当日、借用書も梱包材も持たず手ぶらで一人の大学院生タナカさん（仮名）が来館しました。私は、こうした借用の際には借用書が必要なこと、資料を裸で移送するのは危険なため梱包すること、輸送するのに一人で来るのは非常識なことを諄々と説きました。するとタナカさんは非常に聡明な学生でしたので、「よくわかりました、以後気を付けます」とすぐに理解をしてくれました。よくよく話を聞くと、タナカさんもどうも教員から言われたからやってきただけの、ある意味被害者だったのです。現在タナカさんも業界で立派にご活躍なさっておられます。

指定物の公開

皆さんも出品リストなどを見ていて、その作品の頭に◉などの記号を見つけたことはないでしょうか。じつはこれらは、国宝や重要文化財といった指定物の印です。一般的に、

◉…国宝

◎…重要文化財
○…重要美術品
□…都道府県指定文化財
△…市町村指定文化財

というように冒頭に印がついています。これには決まりはなく、ただ慣例で付けられているようです。作成した出品リストの中に国の指定物（「指定品」ともいいます）がもしあれば、貸出依頼は何をおいてもそれを最優先にしてください。

こうした指定物の公開は、原則として事前に文化庁の許可を受けなければなりません。これは文化財保護法第五十三条が根拠法令のため、こうした事前の許可申請を「五十三条公開」といいます。この経験、すなわち指定物取り扱いの経験の有無は、学芸員としてのキャリア形成に大きな影響を与えます。古美術・歴史資料ですとそうした機会は頻繁にありますので、こうした事前の許可申請は多くなりますが、西洋美術や現代美術だとこうした指定物は少なくなりますので、あまりこうしたことに気をつかわずにすむと思います。もちろんこの五十三条公開ではなく、事後の届出で済む館もあります。それが「公開承認施設」です。

紙幅の関係から、今回は五十三条公開についてのみ説明します。

自館で指定物を出すことになった場合、基本的に市町村であればその教育委員会から都道府県の教育委員会へ届け出て、そこから国へ進達する形を取ります。このとき、市町村の教育委員会に五十三条公開に習熟した文化行政担当職員がいればことは簡単なのですが、なかなかそうは現実的にいかないので、書類一式はミュージアムで作成することになると思います。したがって、ここでも書類作成能力が学芸員に求められる重要なスキルのひとつであることが分かります。また、間に入る都道府県の文化行政担当職員ですが、私は幸い恵まれていて、いわゆる「仕事ができる」担当職員さんに助けていただき、なんとか今までやってくることができました。

指定物の公開については、ケース性能、温湿度、空気環境など事前調査が行われ、そのうえで公開の可否が決まります。文化財の安全な公開のためには当然必要な工程であり、私も何度もこの五十三条公開は経験してきましたが、文化庁から公開許可の書類が来るまで本当に胃が痛くなるような日を過ごすことになります。

なぜなら、もし万が一許可がおりなかったなら、ポスターやチラシに使用する予定の指定物が公開できないからです。たとえ所蔵者が許可を出していても公開できません。指定物ともなればその展示の主役ですから、当然ポスターやチラシに堂々と掲載されていることが普通です。それが差し替えになったりするわけですから、少なくとも印刷物の入札までには許可書をもらっておきたいところです。文化庁としてももちろん嫌がらせをしているわけではなく、職責にのっとり適切な保存・公開を行うため助言・指導をしてくれているのです。当館もこれまで公開に向けての対応策などには、真摯に相談に乗っていただきました。そういう意味では、文化庁は各館にとって文化財を安全な状態で保護し公開する、いわば戦略的パートナーなわけですから、早めに相談をすることでさまざまな知見を示してくれると思います。

それらを踏まえますと、秋の展覧会に指定物を出すつもりであれば、四月の年度明けからすぐに動き出すべきでしょう。空気環境・温湿度計測も安定している春先に実施するのが理想的ですし、そうした調査についてもそれなりに時間がかかりますので、早めに動くにこしたことはありません。展覧会開催において最大の資産は「時間」であるということを肝に銘じておくことです。

事前調査

さて、拝借する資料が決まれば次は調査となります。この順番は調査が先で、借用依頼が後になるなど逆になることもあります。すでに何度か借用したことのある資料であれば省略することもありますが、基本的には出品物は事前に調査しておくのが常識です。その理由は、いくつかありますが、

①図録と実物は色味や肌感が違う。
②付属物や、箱など周辺資料の確認が必要。
③輸送用の箱作成のため外箱の採寸が必要。
④搬入口の確認。特に公園内にある館だとトラックの搬入経路と手続き、木の枝などを確認しておき輸送会社と情報共有しておくと当日がスムーズ。
⑤担当者との顔合わせのため。

などが挙げられます。この事前調査や挨拶に

「行く必要がない」

という上司がいたら、本書を見せて「それは文化財を軽視する考えであり、事前調査には行くのが常識である」と説明してください。

展覧会にともなう事前調査申請については、基本的に受け入れてくれると思います。担当者間で日程を調整し、調査申請書類の定型書式があればデータでいただき、必要事項を記入

し、許可書送付用の切手貼付済返信用封筒を入れて送付します。自分あての住所と名前も忘れないように書いておきましょう。

そういえば私もこの返信用封筒では一度大失敗をしたことがあります。学芸員になったばかりの頃、とある大規模館の借用申請の際に切手を添付した封筒を入れずに送ってしまったのです。すると先方から私宛に電話が掛かってきました。

先「……ないんだけど」
私「え、何がでしょうか」
先「……封筒入れ忘れたのか?」
私「(あぁ……返信の封筒入れないといけないのか)申し訳ありません、すぐに手配いたします」
先「うん」

これも私の大失態で言い訳することはなにもありません。この時先方は私に対し「失礼なやつめ」「非常識だな」と言うことなく、「忘れたのか?」という問いかけで対応していただけたのもひとつの優しさでしょう。気付かせてもらい、心から感謝しています。昨今では、脱ハンコや送料緊縮の流れのなかで許可書をＰＤＦデータでやり取りする場合も増加しているので、先方に確認しておくとよいでしょう。

数日、長くとも一週間程度で許可書が手元に来るはずです。当日は許可書提示が必要な場合もあるので持参するようにしておきます。また、相手方が親切であれば、こちらがチェックできていなかった関連資料も、「あわせてご覧になりますか？」と提案してくれることもあります。こうしたあたりも学芸員同士の普段の交流が重要になってきますし、親切にした分は帰ってくる、というのは実感としてあります。

前の日にメールをしておき、緊急連絡先として自分の携帯電話番号をお知らせしておくと、先方の急な連絡にも対応が可能となるのでおすすめです。

調査に持参するもの

私は、以下のものを調査に持参しています。

開催概要
名刺（20枚以上）
カメラ

メジャー
マスク
ライト
手袋（ニトリル）
付箋
ナンバーカード
館のパンフレット・年間スケジュール
刀剣手入道具（刀剣の場合）
ケサン・文書押さえ（文書の場合）
竹へら（浮世絵・文書の場合）

皆さんが目にしたことがあるものも多いのではないでしょうか。具体的に説明していきましょう。

○開催概要——調査にうかがった際は、打ち合わせの際に改めて展覧会の概要を説明することになります。そのための必須資料です。これを忘れてはさすがに話になりませんので、クラウドに上げておくか、事前に先方にメールで送っておくのがよいでしょう。そうしておくと万一忘れたとしても先方に打ち出してもらったり（恥ずかしいですが）、出先のコンビニのネットプリント等で用意することができるからです。実際私も一度、開催概要を封筒に入れて準備しておいたのですが、間違って別の封筒をカバンに入れてしまったことがありました。新幹線の中で改めて開催概要を頭に入れておこうと取り出した瞬間に間違いに気づき、しかも個人宅でしたのでメールでの送付もしていませんでしたが、幸いクラウドにあげていたので、コンビニのネットプリントから打ち出して事なきを得ました。危ない、危ない。

○名刺——忘れないようにしましょう。私はプリンタで印刷する、A４一枚で一〇枚作成できる名刺カードを一枚カバンに入れています。

○メジャー——使用するメジャーはステンレス製と布製の二つのメジャーがあります。私が使用するステンレス製のものは百円ショップで買ってきたものですが、割と丈夫で長く使っているので結構手に馴染み、また重さも丁度良いので愛用しています。こうした金属製のものは作品に直接当てることはご法度ですので、そうした箇所の採寸は布製やグラスファイバー製のものを使用しています。特にM印良品のものは供給が安定しており、またモノもしっかりしているので愛用しています。いつ調査を求められても対応可能なように筆箱の中にも一つ入れるようにしています。

○マスク——マスクは必須です。万一自分のつばなどを作品につけないように、取り扱いの際にはマスクを着用します。

○ライト——主流は細長いタイプのLEDライトです。色々なものがありますので、好みのものを準備しましょう。私はストラップを必ず手首に回して用いるように、と指導されましたが、有名館の学芸員でもノンストラップの方を複数名見ましたので、ルールとしては定型化されていません。基本的に所蔵館の意向に沿ってください。

○手袋（ニトリル）——以前は白手袋でしたが、現在はニトリルの手袋を使用しています。白手袋はテレビなどの撮影で見栄えのために使用させられることがほとんどで、ミュージアムではあまり使用することはありません。

○付箋——メモしたり番号を書くなど、あると何かと重宝します。

○ナンバーカード——古文書の調査などで撮影する際、ページの順番がわからなくなるので一緒に移りこませるカードです。以前某美術館の元学芸員カシワギさん（仮名）の調査に同行していた当館の職員から教えてもらった方法です。縦横に対応しており、ひっくり返した際に対応しやすいように工夫しています。

○館のパンフレット・年間スケジュール——打ち合わせの際に使用します。こうした書類はいつもカバンに入れておくと何かの際に役に立ってくれます。

○刀剣手入道具——刀剣調査の場合は、刀剣手入れ道具を持参します。目くぎ抜き、刀剣油、布類、刀枕、カシミアティッシュなどかなりかさばり、公共交通機関でうかがう際は大変です。もちろん、相手館にも当然手入れ道具はあり、そちらを使用させていただくことも多いのですが、あくまで調査をさせていただく側はすべてを用意していく、という基本姿勢を示す必要があります。

○ケサン・文書押さえ——古文書の場合は両サイドをおさえるガラスの棒（これをケサンと

いいます）、端を押さえる文書押さえを持参します。この文書押さえは熊本県立美術館の林田龍太学芸員からご教示いただいたもので、重宝しています。

○竹へら――浮世絵・文書の場合に使用します。浮世絵の裏面を調査する時にひっくり返すときに使用するものです。また、冊子などで指が入らないものなどを開けるのに非常に使い勝手が良いです。

こうしたものをまとめて1セットにしておくと何かと便利です。

訪問先

調査先へは時間に余裕を持ってうかがいましょう。その際、確認しておきたいのは

どこから訪問すればよいか

という「具体的な場所」の問題です。先方が「受付でお名前を伝えてください」などと細かく教えてくれていたらいいのですが、何も言ってくれない場合は確認しておいた方が無難で

す。職員通用口から警備の方に名前を告げて入館証を受け取って入るのか、正面から入り受付で声かけして担当者に出てきてもらうのか、さまざまなパターンがあるからです。

私は基本的に約束した時間の五分前に訪問するように心がけ、一分でも遅れそうなときは電話をするようにしています。これは、少し遅れそうだな、と思ってもわかっているのはこちら側だけで、先方は少々の遅刻とはわからないからです。もしかしたら今日の調査を忘れているのか、と考えるかも知れないので、事前に伝えておくようにしています。逆に、遅れても事前連絡がない相手は要注意です。

担当者が出て来られたらまずは名刺の交換をし、担当者の案内にしたがいます。大体は、

①その館の責任者に挨拶。
②事務所のデスクでお話。
③いきなり調査へ。

のいずれかです。①と②は混ざることもあります。①であれば今日の調査対応の御礼を伝え、開催概要を見せながら展覧会の趣旨を説明し、その作品が展覧会構成上不可欠であることを説明します。こうしたトーク術と、社交性は学芸員の必須のスキルです。その中で、

「当館に来られたのは初めてですか」

という質問が出ることがあります。遠方であれば初めてで問題ありませんが、近場であればさすがに失礼ですので、事前に一度訪問しておくことをおすすめします。またその際に、

「〇〇展は素晴らしかったですね」

といった話ができればベターです。自館の展覧会を見てもらっていて悪い気持ちになる学芸員はほとんどいません。

懇談が終わると次は調査です。お手洗いをお借りして、手を洗っておきましょう。もちろん用を足しても差支えありません。ただ、たまに文書館などで部屋内に手を洗うだけの部分が設置されていることがあり、職員さんに

「どうぞそちらをお使いください」

と言われることがあります。そうした中、用を足したいときに

「いえ、お手洗いを……」

「ですから、そちらで」

となかなか言い出せない問答が始まったりします。できれば声をかける前にトイレは済ませておくことをおすすめします。

資料調査

作品調査についてですが、作品により調査項目についてはさまざまですので、ここですべてを紹介することは不可能です。あくまで桑名市博物館流ということをご承知いただいた上で、調査していく項目を述べておきます。

まずは作品自体の状態、コンディションです。掛け軸であれば本紙の表面皺や軸頭の状態を確認していきます。掛け緒や巻き緒などの紐が切れそうかどうかも確認しておきましょう。

次に採寸です。寸法は概ね所蔵館が把握していますので、教えていただき、念のために実

測しておくことをおすすめします。大体一致していれば所蔵館の寸法を採用します。作品に印判が捺されていれば印判も忘れずに採寸しておきましょう。掛け軸であれば全体の縦×横、本紙の縦×横、軸寸を取ります。巻子（いわゆる絵巻物に用いられるような巻物です。掛け軸が縦に巻いていくのに対し横に巻いていきます）が少し大変で、縦は簡単なのですが全体横を採寸する時は、継紙を一紙ずつ採寸しメモを取り、最後に合計する方法を私は採用しています。

以前、某博物館に巻子の調査に伺ったところ、バームクーヘンのような立派な巻子がお出ましになりました。「これは長い……」と思った私は、

「こちらの長さは採寸していますか？　わかればご教示いただきたいのですが……」

恐る恐る聞いたところ、親切な学芸員さんは

「ああ、採っていますよ。少々お待ちください」

と事務所に戻っていかれました。待つこと五分、戻ってきた職員さんは、

「採ってなかったようです、すみません」

と素敵な笑顔で仰ったのです。淡い期待はもろくも打ち砕かれ、仕方なく一人でコツコツと採寸を始めました。三分の一ほど終わったところでしょうか、先ほどの方が近寄って来られました。「すわ、寸法がわかったのか⁉」私の胸が高鳴ります。すると連れてきた中学生を紹介して、

「すみません、職場体験に来ている中学生なんですが、調査の見学をさせてもいいですか？」

もちろん快よく承諾し、私がいまやっている作業について説明をしました。熱心な中学生だったので、所蔵館の許可を得て採寸の手伝いを体験してもらいました。良い職場体験になっていれば大変嬉しく思います。

また、採寸で忘れてはいけないのは箱の調査です。美術工芸品の場合、箱に重要な情報が書かれていることが珍しくありません。これを箱書といいます。これらの撮影や箱の採寸を行います。箱の採寸は、美術品輸送業者にその作品を入れる段ボールを手配してもらうのに

必要だからです。これらを記録していきます。

多くの場合、所蔵先の担当学芸員が立ち会います。作品に何かあってはいけませんし、こちらのスキルもわからない状態で取り扱いを任せるのは作品にとって好ましくないためです。また、大幅（大きな掛け軸）など、一人では取り扱えない作品などの調査の際も立会人がいると手伝ってもらえます。学芸員はこのあたりはよく承知しているので、これぐらいの資料数であればこれぐらいの時間がかかる、といういわゆる相場感を持っています。

一般的に調査で取る事のできる時間は午前一〇時からですと二時間、午後は一三時から一六時三〇分までの三時間半程度だと思います。午後からの調査であれば理想は一三時三〇分からです。お昼の休憩が終わってから、先方に作品を出す時間を確保しないといけないからです。

かといって一日ずっと立ち会いしていただくのも先方の都合もありますし、できれば半日くらいで収めておきたいところです。そうした場合は、たとえば職員二人で行って同時に作品調査を実施する、という手法があります。一人が巻子、一人が掛け軸などとわかれて実施すれば倍調査できますし、スペースが一つでも一人が掛け軸を出したらもう一人が片付ける、など連携をとりながら進めることができるのでスムーズです。掛け軸についても、二つ掛けるところを準備していただければ、倍のスピードで調査が進みます。こうした際にはできるだけ写真を撮影しておきましょう。立体などでは全方向撮っておくのが無難です。あとで役に立つときが来たりします。

こうした作品そのものの調査と同じくらい重要なのが、調査先の学芸員とのいわゆる「情報交換」です。調査中は基本的にずっと一緒にいるので、ある程度打ち解けて話をすることができます。学芸員というのは基本的に多忙ですので、じつは自館の収蔵品といえどじっくりと調査研究する時間はあまりありません。そうした中で、他館の学芸員の調査に立ち会うのは、その館の学芸員にとっても作品と向き合う良い機会なのです。しかも来館する学芸員は展覧会出品のための事前調査ですので、その作品周辺をきちんと調べている専門家なわけですから、自館で把握している以外の有益な情報を引き出せる可能性が高くなります。そうした意味では、外部調査は所蔵館にとっても大きな知見をもたらす可能性があります。そして情報交換や、ちょっとした雑談は館のネットワークを広げる意味で非常に重要なのです。

こうした調査の際は、美術品作業員が手伝ってくれることはありませんので、自ら資料を取り扱うことになります。先方も「お手並み拝見」という具合に手元を見てくるかもしれません。そうしたプレッシャーの中で作品を取り扱うのはなかなか大変ですが、掛け軸、巻子、やきもの、そしてそれらの紐かけなどは一通りマスターしておきましょう。練習あるのみです。練習用の掛け軸を一本個人で備えておくのも良いかも知れません。

モノの取り扱い

なぜモノを取り扱えないといけないかといいますと、学芸員は文化財保存の専門家でもあるからです。現在、文化財の保存と活用が声高に叫ばれていますが、多くの学芸員は活用よりも保存を重要視するでしょう。それであれば、文化財保存の基本であるモノの取り扱いは学芸員として必須のスキルとなるわけです。

もちろん、予算を確保した展覧会の際には集荷や展示の時に美術品作業員が一通りやってくれますので、極論を言うと作品を取り扱えなくても学芸員はつとまります。ただ、それは建前です。いくら作業員がやってくれるとはいえ、適切な指示を出すためにはやはり自身がモノを取り扱うことができないといけません。その点、作業員に任せきりで自らはモノを取り扱えない「殿様／姫様学芸員」に対してはやはり厳しい目が注がれることは覚悟しておいた方が良いでしょう。

といいますのも、作品を貸し出す場合、その可否は企画の内容もさることながら、相手館との関係、そして担当学芸員がきちんと作品を取り扱えるかどうかは重要な判断材料となってきます。

私も以前、某大名家コレクションの作品借用のお願いに伺った際に、旧藩主が使用されていた御殿の一室に通され、借用を希望していた茶入の名品を箱なりに出され、

「どうぞ」

と言われたことを思い出します。その時は新人でしたので、大変あせりました。そして借用のお願いなので、美術品作業員さんも同道していません。自分で開けるしかありません。腕時計、指輪はしてない。爪も切ってきた、自分で自分に言い聞かせます。「大丈夫だ」と。

「どうぞお改めください」

重ねて先方の学芸員が声をかけてきます。落ち着いているも凛とした佇まいにさらに緊張感が増します。「試されている」そう思うと心臓の鼓動が高まります。

「落ち着け。茶入ならばそこまで難しくないはずだ。何度も取り扱っている。見たところ箱も普通、結びもノーマルだ。落ち着け、落ち着け」

必死に自分に言い聞かせ、そっと紐を解きます。二重箱です。落ち着いて箱から内箱を出し、底に手をそえます。底手は文化財取り扱いの基本中の基本です。そっと机上に置く。続いて内箱。黄袋ごと取り出す。名品中の名品、見事なお茶入でした。とはいえ頭の中はきちんと戻せるかどうかだけで、それだけの名品をせっかく目の前にしていたのにあまり覚えていません。もったいないことです。相手が私の手元に見入ります。

「心なしか眉間に皺が寄ったか……いや気のせいだ。集中しろ。全集中だ。あっと茶入の仕覆。これ大丈夫かな……覚えてるかな……」

……とまぁ試されることもあります。相手からしたら試したのではないかも知れませんが、お茶道具を拝借に来たのであれば最低限の取り扱いはできるものとして対応したのでしょう。この時、お茶入は無事拝見できましたが、仕覆の紐結びで苦戦しました。当然できるはずなのですが、頭が真っ白になってわからないのです。これらから、一通りの取り扱いは身体に叩き込んでおくべきだと思います。いつどこで自分自身でモノを取り扱うかわからないからです。

指輪と時計

ついでに指輪と時計の話をしておきましょう。装身具や指輪などは作品を傷付ける可能性があるため、学芸員は基本的に身に着けません。たまに付けておられる方もいらっしゃいますが、その場合は外していただくようお願いします。

私も就職してからそうした装身具類は基本的に身に着けていません。そのため、一度講演会のあとに私が指輪をしていないのを目ざとくみつけた参加者の方から

「館長さん、いい人いないなら紹介しますよ」

と言っていただいたこともあります。御心配をおかけして不徳の致すところですが、今のところ御心配いただかなくても大丈夫のようです。

もちろん、指輪をしていたから、腕時計をしていたからといってそれがすぐ作品に引っかかって事故につながる可能性は非常に低いです。「気を付けているから大丈夫だろう」と思われる気持ちもわかります。ただ、我々が取り扱っているのは先人から伝わる文化財で、いかに後世に伝えていくかがポイントです。作品への敬意として、文化財取り扱いのマナーは

遵守してください。

もし所蔵館の学芸員から注意されたら、いったんはそれを受け入れてください。そしてある程度打ち解けてから、納得いかない点について、「先ほどのアレはどうしてああなんですか」と確認することをお勧めします。

調査が終わると、会議室や打ち合わせスペースなどで展覧会の概要説明という運びになります。この段階で内諾を出してもらえるところもあります。そうなると具体的な書類の手続き、展示の際の注意事項などを確認していきます。打ち合わせが終わると、その館が展覧会開催中であれば

「お時間よろしければ展覧会を御覧になられますか？」

といってくださるはずです。この場合、閉館時間間際などでなければ拝見していくのが礼儀です。そしてその際「それではこちらで失礼いたします」と言っておけばあとでまた先方に挨拶に来ていただく手間を煩わせることはありません。そして展示方法などもあわせて見学

していきましょう。学芸員にとって、展示をしっかりと見るのも仕事のひとつです。帰ったらすぐにお礼状を出しておきましょう。メールでも結構です。その際展示の感想などを記して送りますと、きちんと展示を見てくれたんだな、と先方も安心します。こうしたことの積み重ねが、文化財を守る同志である、という学芸員の職業倫理に基づく信頼を醸成していくことにつながります。

借用料

さて、一般的に公立館であれば、スケジュール・企画内容・館の設備に問題がなく、きちんとした対応をしていればまず借用に関しては許可をいただけると思います。この時、公立館同士であれば借用料は普通かかりません。

私はこれまで数百回は借用交渉を行ってきましたが、あまり借用料で揉めたことはありません。それは、当館のように借用予算がほとんどない館にとっては基本、無償でのご協力をお願いすることになるためです。基本的に公立館同士は無償です。画像の事務手数料など、若干必要な場合がありますが、法外な値段を請求されることはほとんどありません。また、民間団体や財団法人の場合は借用料の決まりがあるので、そのルールにのっとって支払うことになります。

これまでに困ったことは二度ほどありまして、金銭のお話ですので詳細は控えますが、ひとつは諸事情から請求書が出せない、と言われたこと、もうひとつは高額の借用料をかたくなに要求されたことです。こういった「それは無理だろう」という状況をいかに知恵を出して周囲に助けていただけるか、が学芸員のふんばり所でもあります。それはすなわちいかに仕事がデキる人に味方になってもらうか、ということです。

もちろん文化財の保持には費用がかかることは重々承知しているので、なかなか心苦しいところではあるのですが、各館には予算面での制約があることもまた事実です。したがってその中で誠意をもってご理解をいただくしかない、という風に思っています。こうした際にはどうしても我慢をして仕事をしなければならないですし、展覧会という現実は綺麗ごとだけで開催に至るわけではありません。そういう意味では、交渉事については個人的には苦手な仕事をやらねばならないときもありますので、ある程度の覚悟は必要だと思います。

当館のアルバイトさんには以下のようによく伝えています。

「借用料が無料というのはモノの価値がタダ、というわけではありません。値段が付けられないのだから価値は無限ということです」

借用料を支払うと、その作品の値段がついたような気がしてしまいます。もちろんそういう意味ではないのは重々承知していますが、文化財の価値は金銭的な面だけではない、というのをきちんと理解し、モノとそれを守ってきた所有者に敬意を払うことを念頭において作業に取り組んでいただければと思います。

こういう際に、どうしても拝借したい作品のご所蔵者が気難しい方だったり、ミュージアムに対してあまり良い感情をお持ちでない場合があります。そういう際は、精一杯の努力をしてみて駄目であれば、諦めるのもひとつの判断だと思います。もちろん、交渉事ですから粘ったり、誠意を見せることも大事です。ただ、交渉途中で「あまり気が乗らない」と思うのであれば思い切って「諦める」というのもひとつの手段です。そうした「無理をした借用依頼」の文化財の場合、権利関係、輸送時の契約など往々にしてトラブルを招きやすいものです。双方に信頼関係がなければさらに泥沼化していきます。これはお互いだけでなく、文化財にとっても大きなマイナスです。

時間が過ぎればまたご縁もあるでしょう、と思い早々に見切りをつけ、別の作品のリサーチにリソースを振り向けた方が良いでしょう。これはあくまで私の経験からの提案であり、正解というわけではありません。一つの方法として参考にしていただければと思います。いくら文化財が素晴らしくても、ご縁がない時はどれほど努力してもうまくはいかないものなのです。

資料の撮影

さて、図録を作成する展覧会ですと、画像データの確保が必要です。私が就職した頃はまだポジフィルムの貸借が主流で、厚紙に入れて簡易書留で送ったりしていましたが、近年はデータでやり取りするのが主流です。データ入稿により、郵送のやり取りといった手間は軽減されたと思います、

ミュージアムであればおおむね所蔵資料の画像データはありますので、依頼すれば貸してくれます。借用依頼書の中に「展覧会の図録および広報などに使用する際の許可」など一文足しておいてあわせて許可する場合と（いわゆる「一本（の書類）で大丈夫です」というパターン）、作品は作品、画像は画像の借用依頼を出さないといけないという、おおむね二つのパターンがあります。

館によっては画像利用で料金が発生するところもありますので、その場合は事前に予算として確保しておく必要があります。地方公共団体の予算要求はおおむね前年夏頃なので、特

に借りたいと考える作品（メインとなるいわゆる「是非もの」）の交渉はやはり最低でも前年夏にはある程度まとめておく必要が出てきます。

ところが、そうした画像がない場合もあります。個人や、ご宝物をあまり外へ出されたことのない寺社などです。

学芸員は「初公開」という言葉を比較的好むため、ついそうした「未知との遭遇」を喜んでしまいます。もちろん学術上に有意義なことも多いですし、何よりマスコミが「初公開！」「新発見！」というだけで大きく取り上げてくれるため、いやらしい気持ちがムクムクと首をもたげてきてしまうのです。

そうしますと、画像を新規で撮影する必要が出てきます。その場合、

①所蔵者のところにいって撮影する。
②先に一度借りて撮影し、一度戻し展示の際に再び借用する。
③事前に借りて撮影し、そのまま収蔵庫で保管、展覧会に出品後返却する。

の三パターンが考えられます。そしてそれぞれに

A　自分たちで撮影する。
B　プロのカメラマンに頼む。

の二択があり、合計6パターンが存在することになります。すべてのパターンを経験した私なりに、それぞれのメリット・デメリットを述べていきたいと思います。

最も大変で避けたいのは①です。電源や光源、引きが取れる場所の確保、時間制限など制約が多く、難しいケースがほとんどです。しかもそうした悪条件を所蔵者の前ではなかなか言えません。

私も何度か経験しましたが、移動の際の機材も多くなりますし、かつ所蔵者の予定によっては撮影時間内に撮りきれるかどうかもわかりません。

とある資料館に撮影に伺った際に掛け軸を掛ける場所がない、という状況に陥ったことがあります。（まさかそんなことが……と思いますよね？　実際、名前を聞けば「え、あそこ掛け軸掛ける場所ないの？」とびっくりするような館です。しかし、「掛け軸を掛けるところくらいあるだろう」と思いこみ担当者に確認を怠った私に第一の責任があります。）

さまざまな工夫をこらして撮影しましたが、まさかこんな状況で撮ったとは思えないぐらい綺麗な写真が仕上がってきました。さすがに掛け軸くらいは掛けられるスペースが欲しいんですが、と思いましたが、それは借りる側は言えません。与えられた場所で全力を尽くすのみです。その点ではこの時はプロカメラマンにお願いしておいて本当に良かったと思いました。やはりプロはプロと呼ばれるだけの技術と知恵があるのです。

したがって、どうしても①「所蔵者のところにいって撮影」しないといけない場合はプロカメラマンに頼むのが良いと思います。予算は掛かりますが、写真や画像はずっと残りますので、むしろコストを掛けるべきところだと思います。

次に②「先に一度借りて撮影し、一度戻し展示の際に再び借用する」です。こちらを説明する前に、展覧会の工程を確認しておきましょう。工程はその規模や館によって相違がありますが、私が経験してきた工程で申し上げますと、

1. 展覧会が一〇月末日開始。
2. 図録は一〇月中頃には完成。
3. ページ数にもよるが九月末日には校了。
4. 九月下旬には色校・最終校正。
5. 九月初旬に初校出し。

6. 八月中旬にデータ入稿（お盆はさむ）。
7. 八月初旬入札、業者決定。
8. 七月初旬、契約入札決裁・見積依頼。

となってきますので、おおむね七月中には写真画像が揃い、図録全体のレイアウトができていればスケジュールとしては悪くありません。そうしますと四・五月で出品交渉と調査、六月中に借用して撮影したくなるのが人情ですが、貸す側からしますと六月から貸し出し、展覧会終了が一一月だと戻りは一二月となります。そうするとおよそ半年も手を離れることになってしまいます。しかも画像データがない、ということはこれまでミュージアムに出品したことのない所蔵者の可能性が高いですので、長期間の貸与に対する不安も重なります。その気持ちは大変良くわかります。そこで編み出されたのが、六月に一度拝借し、撮影後返却し、展覧会前に再度借りる、という方法です。これだとお預かりする期間は最小限になりますので、所蔵者の方の不安も取り除かれることになります。

ただ、これはなかなか大変です。コスト面でいうとまず輸送費が単純に二倍になってしまいます。また、自分で撮影するならともかくプロカメラマンを頼む場合はカメラマンさんの撮影日程、輸送業者の借用日程の調整だけでも大変です。モノを動かすリスクもありますから、借りる側からすると出来うることなら避けたいところです。所蔵者の強い意向でこのパターンを採用する場合もありますが、私は基本的にはおすすめしません。

もちろん館の近くの所蔵者など諸条件が合致したり、所蔵者の方がお持ちいただけたりする場合もありますので、そうした場合はご協力願うのも一つの手だと思います。そのあたりは担当者がケースバイケースで判断していくことになります。

③の「事前に借りて撮影し、そのまま収蔵庫で保管、展覧会に出品後返却する」が一番のおすすめです。輸送も一度で済み、作品を動かすリスクおよびコストも最小限ですみます。また、自館で撮影する場合であれば撮影スケジュールの調整も容易ですから、一番にこれを検討したいところです。ただ、②で述べたように所蔵者によっては不安を抱く方もいらっしゃるので、きちんと信頼関係を築いたうえでの交渉になると思います。そのためには防火・防犯面でのメリットをきちんと丁寧に説明し、ご自宅よりもミュージアムの方が安全であること、必要になったら来ていただいて、いつでも出してご覧いただけることなど、さまざまな交渉条件を示しながらご納得いただくように説得するのが重要な点で、最後はきれいごとになりますが、

「この作品をどうしても館で展示し、広くご覧いただきたいので、私（館）を信じて預けていただけませんか」

という誠意に勝るものはないと思います。所蔵家の方のご協力なしには展覧会の成功は成り立ちませんので、そういう気持ちは常に忘れてはならないものだと思います。

輸送

借用資料が決まれば次は輸送プランです。美術品はかけがえのないものですので、輸送は専門の業者に依頼します。ただし、近隣や壊れにくいものであれば、自分たちで保険をかけて、梱包を実施し、公用車で輸送することもあります。

展覧会を開催する上で費用がかかるのがこの輸送費です。輸送するものと借用先のリストを作り、おおよそのスケジュールを組み立てます。この時、自分でスケジュールを作るところと輸送業者に作成をお願いするところと二手に分かれます。私が就職したての頃は輸送業者に依頼していましたが、桑名市博物館に来てからは基本的に自分でスケジュールを組むようにしています。そして輸送業者と相談し、移動経路、休憩のタイミングなどの打ち合わせをして、決定していきます。

この輸送スケジュールの作成は借用先がひとつふたつであればそれほどでもないですが、複数館を回る集荷の場合、あちらを立てればこちらが立たず、となかなか大変です。そのあたりは貸す側も心得ていますので、当館の場合よほどの事情がない限り、なるべくどのようなスケジュールで依頼されても対応するように心がけています。

基本的には集荷の場合、遠方から集めに行って戻って来るのが理想です。トラックに作品を積んでいる時間をなるべく減らすようにするためです。また、日帰りで行けない場合は、いったん輸送業者が管理する、温度湿度が管理されセキュリティが厳重な美術品倉庫に預ける必要が出てきますので、そうした手配も依頼しておきます。

集荷については、のちほどさらに詳しく説明します。

印刷物

輸送計画に続いて、ミュージアムの印刷物についてです。印刷物と一口に言いましても、多くのものがあります。

①ポスター・チラシといった広報用印刷物
②図録・パンフレット

③館内掲示用パネル
④展示用キャプション
⑤出品目録

です。このうち、①や②といった分量が多いものは契約業務として、地方公共団体の調達ルールにのっとって粛々と進められており、自前でやるというよりはそうした部局に依頼を通じて実施することが多いと思います。そのための書類作成や入札事務依頼も当館では学芸員が担当しています。もちろん、都道府県立など大きい館だと、いわゆる「事務方」がそれら調達の事務処理をすることになる場合もあるようです。

展覧会を開催する上で、ポスタービジュアルの重要性は言うまでもありません。実際アンケートからも、インターネットが全盛である昨今でも、来館理由はやはり「ポスターを見て」というご意見が大変多いです。中でも訴求力の強いデザインがやはり集客に強い影響力を持つのは私も肌で感じているところです。

ところが、地方公共団体の予算としては、そうした見えにくい価値を生むためのデザイン料というのはおそらくほとんど認められていないのが現状ではないでしょうか。また、印刷物の価格は入札で決定するのが一般的ですので、ようするに、

一円でも安い業者

に決定することが原則です。これは、公金支出を行う以上、仕方ない面があります。ですので、デザインは二の次、とにかく安い印刷業者さんに決定してしまうというのが現実です。これを克服するため、各館さまざまな方法で取り組まれていることと思います。当館の場合は、やはり契約調達を担当する部署の方に、いかにミュージアムの印刷物が重要であるか、そしてそれが集客に影響を与えるのか、という点を丁寧に説明したり、元のデザインをしっかり考えたり、落札した印刷業者に、「全国に貼られる『桑名の顔』を印刷する点に留意してしっかりと作成してください」などと説明し、「全員でこの展覧会を成功させましょう」という意識を関係者と共有するくらいしか方法がないのが現状です。

以前の職場は地方公共団体直営ではありませんでしたので、最低三社からデザイン案を出していただき、それを館長・学芸担当・総務担当の相談で決定していました。予算内であれば、デザインの出来を優先して決定していたのです。この方法であれば、予算内でより魅力的なデザインを選ぶことが可能です。

ところが、こうした手法は地方公共団体では特殊な契約のため採用されづらく、原則すべて「競争入札」が採用されています。もちろん、公正性の担保などにおいて、公的機関の入札にはベターな方法であり、各公立館としてはそうした条件下の中で懸命によりよい広報物の作成に心を砕いていることかと思います。

したがって、他館のデザイン性にあふれる素敵なポスターの横で、地方公立館のあまり相応しくないポスターが貼られていたとしても、温かい目で見守っていただけると幸いです。担当者も

「こんなポスターを作りたくて作っているわけではない」

と悔しがっている可能性がとても高いのです。結果そうなってしまっただけなのです。そしてそれを何とかしようとしている学芸員がいることを忘れないでいただきたく思います。

広報

一人でもミュージアムへの来館者を増やすには広報が不可欠です。よく、テレビCMでもやればよいのに、や、駅にポスターを貼ってもらえばいいのに、チラシを撒けばいいのに、とさまざまなありがたいご意見を頂戴します。しかしこれらは中小規模館ではとうてい賄え

ないような、下手すればそれだけで展覧会が開催できるような莫大な予算を必要とします。

こうした広報予算に恵まれない館は、SNSや動画サイトといったところにPRの場を求めていくことになります。しかし、地方公共団体の場合、その多くは広報部署に依頼して投稿してもらうため、SNSの特性のひとつである速報性に欠けることがあります。また、多くの公式SNSは個別リプライをしない、という規則があるため、相互にリプライを行い親近感を高めていくという手法も手詰まりです。他の公式SNSと絡むことで注目を集めていく企業公式SNSの手法が使えないのが現状です。

したがって、各ミュージアムの公式SNSの多くはその館の公式情報をひたすら垂れ流すだけ、というものになってしまいがちです。この点ももう少し改善していく必要があるでしょう。そうした中、さまざまな工夫で注目を受けるSNSもいくつかあります。たとえば、泉屋博古館の「Twitter」は非常にユニークな運用をしています。冬期休館中の際に、「特にお知らせすることはありません」などつぶやいたあとに、庭園内の梅が咲くかどうかという写真をアップしているのです。広報としては真逆をついた、というかつい引き込まれてしまう書き出しです。こうした担当者の顔が見える、芸人でいうところの「人（にん）が見える」というのは、現在の企業SNSでも広く採用されている手法であり、ミュージアムの公式SN

Sのなかでは大変目をひきます。こうしたつぶやきを見て、泉屋博古館に興味を持つ人もいるのではないかと思います。

キャプション

展示作品が確定しますと、次はキャプションの執筆です。題箋ともいい、展示作品の内容を解説する文章です。図録を発行する場合、その解説文章を短縮すれば良いのでは、と思ってしまうのですが、全然別物です。感覚的には、百メートル走と千五百メートル走くらいの差はあるでしょう。

キャプションには作品名、作者名、製作年代、簡単な解説が記されていることが多いと思います。ところが、『美術館商売』(勉誠出版、二〇〇四年)で安村敏信氏が述べているように、

「一般の人にとっては、時にチンプン・カンプン」

というのが実感でしょう。キャプションはかなり書くことが制限されますので、私の場合ですと、最低限の情報を入れたあと、

「ここだけは見てくれよな！」

というような気持ちでその作品の一点にしぼって紹介する一行リードをつけるようにしています。これは比較的好評で、これだけを紹介した冊子を販売してほしいという要望を受けるほどです。

また、私はキャプションには総ルビを採用しています。これには二つのメリットがあります。私が担当するのは主に歴史の展示ですが、書くためには読みがなを調べるようになります。その結果、手間はかかるのですがその分理解が深まります。また、「こう読むのだろう」と思いこんでいたものが別の読み方であったりすると、改めて勉強になるためです。もちろん、固有名詞を中心に読み方がわからないことも多いのですが、その場合はルビなしにしておきます。

もう一つは、「○○ってどう読むんですか」という質問がなくなることです。「これで来館者から読み方を聞かれることなくなったわ」と館のスタッフから大変感謝されました。

一般的にキャプションのサイズはA５（A４の半分のサイズ）で、印刷業者に依頼するか、自前で作成するかのいずれかです。印刷業者に作成してもらうと、とてもかっこいい素敵なデザインに仕上げてくれる半面、締め切りが早くなり、また

「あ、あそこにひとつキャプション足すかー」

という臨機応変な対応ができませんので、いちがいに印刷業者にお願いするのが良いとも限りません。

キャプションにはその館の個性が色濃くでます。ユニークな活動で知られる愛知県蒲郡市の竹島水族館・小林龍二館長は

「図鑑に載ってることは書くな」

とおっしゃっています。実際にするのは大変勇気が必要ですが、的を射た意見だと思います。

いざ集荷

さて、展覧会前にはいよいよ集荷が始まります。

集荷に向かう直前になると、メール等で○月○日○時にうかがう旨および担当者の緊急連絡先を伝えておきます。いわゆる「伺い状」です。伝統的な館ですと、手紙で来ます。たま

に縦書きでものものしいものがくると「果たし状」のようです。私はメールを送付したあと、追いかけの電話、あるいはファックスをします。

ファックスなんて時代遅れと思うかもしれませんが、メールの場合は本人が見ていない可能性があること、ファックスであれば紙として証拠が残るのでより確実なこと、本人以外が目を通して情報共有される可能性があること、などから馬鹿にしたものではありません。特に怖いのは個人の方です。確実に手紙・ファックス・メールいずれかのあと電話を入れておきましょう。当日集荷にうかがって留守だったときは目もあてられません。逆にミュージアム相手の場合は、きちんとした手続きをして、訪問日時も事前に通告していたのにもかかわらず、何らかの事情で担当が不在の場合であっても、誰か学芸員が出勤していれば、対応してくれると思います。あらかじめ、その館の複数の方に同じ連絡をして情報共有しておくことも、リスクマネジメントにつながります。

おおむね開始の二週間前から一か月前を目途に集荷に行くことが一般的です。場所が多いようであればそれより前か、二手に分かれて便を出すことになります。こうした輸送は美術品輸送の専門業者に委託し、担当学芸員が一緒に行って集荷してきます。そのため、美術品輸送専用車（業界では「美専車」と呼びます。エアサスペンション・荷室エアコンのついたトラックです）には後部座席があり、学芸員はそこに乗り込みます。最近では、折り畳み式の机や電源も完備された美専車もあり、うれしいことにどこまでも仕事ができるようになっています。

作品リストを美術品輸送業者に送っておくと、ラベルを作ってきてくれます。寸法や形状なども伝えておくと、それにあわせた寸法の段ボールを準備してくれますので、集荷作業がスムーズに進みます。このあたりの連携が取れているかどうかが業務の肝でもあります。

この「学芸員が一緒に借りに行く」という感覚が一般人と乖離しているところで、私も公務員の研修に行った際に、同じグループになった職員のKさんに

「来週から集荷で出張なんです」

「え、杉本さんが取りにいくの？　宅配便で送ってもらえばいいのに」

と言われたことがあります。この職員は能力的にも全く問題のない、常識のある職員です。ですから、私が世の中にふたつとないものであること、その大変貴重なものを桑名市にお貸しいただけること、借用前と借用後で何かあっては桑名市全体の信用問題にかかわること、業務には誠意をもってあたらねばならぬことをきちんと説明しますと、もともと優秀な人物ですのですぐに納得してもらえました。逆説的にいうと、それだけ学芸員の仕事内容が役所内で理解されていないということなのです。こうした経験も、本書の執筆動機のひとつです。

集荷の際は、作品のチェックがメインとなります。特に傷や痛み、ほつれ、色味など写真に出にくそうなところを重点的に確認し調書に記していきます。これは、もし借用中に何かダメージがあってはいけないので、そのための事前チェックです。調書は各館千差万別です。最近はデジカメで押さえておくことも増えましたが、見て書いておくのは確実です。なおこの際も鉛筆を使用します。

当館の場合は、借用書とコンディションチェック用の二種類の借用書を持参します。両方ともカーボン複写になっており、書いたメモが複写できます。ミュージアム同士であれば、書いていただいた調書をコピーするなりして双方が所持し合うことができるのですが、個人宅からの借用の場合、コピーをするのが難しい場合があります。そのため、カーボン複写を採用しています。私が桑名市博物館に就職したときからあったものですので、良いアイデアだと思います。

付属物、たとえば掛け軸の箱の中に極書《きわめがき》などがあればそれらもすべてメモしていきます。極書とは、美術工芸品類に付随する鑑定証明書で、折紙や札状の形式がよくみられます。品質を保証する「折紙付」という言葉はここに由来します。また、木箱が痛んでいた場合、箱を展示する予定がなければ箱は借りずにモノだけ拝借する場合もあります。箱と離すのを嫌がる所蔵者もいらっしゃいますので、その点は相談しながら進めていくのが良いでしょう。検品が終わると、輸送業者さんが手早く梱包してくれます。その際に、注意点を伝えておきましょう。掛け軸の掛け緒が弱っている、軸頭が緩い、などです。

こうしたダメージをどこまで記録しておくか、というのは非常に重要です。通常、所蔵館の方で詳細な記録をつけていることが多いので、それを教えてもらいつつ、相互で確認していくのがオーソドックスです。また点数が多く時間などの制約があれば新しいキズだけ確認する、といった方法もあるでしょう。もちろん、貸出館の了承なしに勝手な判断をしてはいけません。通常、ひとつの借用先のものはひとつの段ボールに収めていきますが、大きかったり個数が多いと複数の段ボールとなります。この確認も学芸員の仕事です。むしろもっとも重要な仕事とも言えるでしょう。段ボール一箱分のことを「一個口」と呼びます。たとえば、東京国立博物館から一個口、東京藝術大学大学美術館から三個口借りていたら、合計は四個口となります。外部にはシールが貼られますので、間違えることはなさそうに見えますが、そこは人間、撤収の際にテレコ、すなわち入れ違いになってしまったりすることもあります。

一度、当館が貸し出した資料が戻って来た際、別の館の似たものと入れ違っていたことがありました。このときは立ち会った鈴木さんが「もしかして、入れ替わってる?」と気付いてくれたので事なきを得たのですが、そのまま収納してしまうと他館のものとテレコになったままとなり、今思い出しても肝が冷える思いです。「きっと傷はないだろう、大丈夫だろう」「まさか別のものではないだろう」そうした先入観は捨てて、虚心坦懐に文化財に向き合うように心がけてください。私も気をつけます。

こうしてお預かりしたら「借用書」を渡します。自館の印が捺印してあり、作品のリストや借用期間などが書かれてあるものです。封筒やクリアファイルに入れてお渡しするとより丁寧になりますのでおすすめです。この借用書は作品の返却時に返してもらいますが、ミュージアムであればまず間違いなく返してくれます。しかし、個人所蔵家の場合はだいたい半分くらいの割合で、

「あれ、どこやったっけな」
「あれは返すんだったか」

と言われお返しいただけません。そのため、当館ではそうしたときには借用書の写し（カーボン複写になっています）に日時とサインをいただくようにしています。このようになんらかのセカンドオプションを用意しておくことをおすすめします。

輸送業者との連携

展覧会を開催していくうえでは多くの方の協力が不可欠です。中でも学芸員と濃密な関係性を築くのはいわゆる美術品専門の輸送業者です。

そもそも美術品は一般の方から見れば過重すぎるほどの梱包を重ねて、綿布団にくるまれ専用の堅い段ボール箱に入れ、美術品専用車で輸送されます。私がこの業界に入ったばかりの頃、佐賀県立九州陶磁文化館（通称「九陶」）に集荷に行った際に、当時のY学芸課長に

「（焼き物の）梱包の基本は綿布団の海に沈めることだ」

と教えていただいたのですが、素人同然の学芸員にはとても新鮮に響き、未だに覚えている言葉です。ちなみに学芸員になりたての頃に衝撃を受けた経験といえば、大名道具のコレクションで知られる某館のベテラン学芸員のAさんが、作業員に

「宙《ちゅう》渡しするなっ！　下に置け下にッ！」

と厳しく注意していたことです。いや怖かった。宙渡しとは、空中でモノを渡す行為で、基本的に文化財の取り扱いとしては推奨されません。本来はいったん床において、それを持っていってもらうという、いわゆるお茶の席のやり取りがやはり良いのですが、そうもいっていられない場面も当然あります。

その際に行うのが「渡します」「もらいました」「離します」という声かけです。これは当館でアルバイトをしていた方には懐かしい言葉だと思います。といいますのも、これは入った際にモノの受け渡しの基本として徹底的に叩き込むからです。ですから最後は鉛筆を受け取る際にも「もらいました」と言ってしまう、という笑い話もありますが、それだけ身体にしみこんでいれば事故も少ないというものです。宙渡しはよくない、という前提の話をしたうえで指導していくのですが、以前はこういう厳しい先生方がいらっしゃったということです。

話を輸送の話に戻します。最近はトラックにくわえて個人宅や狭い住宅地を走りやすいワゴンタイプの車も使用されます。軸やお茶碗など小さいものであればこちらの方が運びやすいくらいです。ただしキャビンと輸送スペースが一体化していますので、温度湿度に敏感なものを運ぶ際は注意が必要です。特に金属製品の場合、冬場は温度差で表面に水滴がついてしまったりする恐れがありますので、かならず庫内を温めてから荷入れをする必要があります。そして輸送時の管理責任はすべて借りる側の学芸員が持ちます。そのため貸す側は「この人は作品を託すに足る人かどうか」も含めて判断する必要があります。

今でこそようやく私の方が年齢が上のことが多くなりましたが、この業界は学芸員が若く、年上の作業員と一緒に作業するということが多々あります。年下の学芸員が年長者に指示を出すことで、角が立つ場合も出てきます。

そうした意味ではやはり、意志の疎通が重要です。また、学芸員だけ、作業員だけ、という考え方を捨て、文化財を保護し、ひろく来館者に楽しんでいただくという目的に向けて取り組むチームである、という意識を共有することです。そのため、よく集荷初日に作業員の方たちと「固めの杯」と題して飲みに行くことがあります。作業員のさまざまな考え方、また業界のさまざまなゴシップを聞ける貴重な場でもあります。楽しいゴシップは場を明るくします。

美術専用車には後部座席があり、美術品輸送時には基本的に学芸員が同乗しています。お昼休憩のため、サービスエリア等にとまった場合も車に一人は残り、交代で食事をとります。何か万一の時があった際に即座に対応するためという現実的な意味と、他所様よりお預かりしたものを自館まできちんと運ぶという責任感を示す二つの意味があると思います。自分もいいカッコをするわけではありませんが、何かあった際には最優先で文化財を保護する、という信念をもって美専車に乗っていますし、おそらく同業者はほぼ間違いなくそう思っているでしょう。というよりむしろそれが当たり前のことですし、その「覚悟」は、おそらく学芸員を目指し学芸員になった際に自然と身につくものだと思います。警察官が危険を冒して犯人逮捕に赴くように、医者が苦しんでいる人の命を救うように、消防士が燃え盛る炎の中で逃げ遅れた方を助けにいくように、それは学芸員の職業倫理と言っても良いでしょう。

飾り込み

さて、すべての集荷を終え、いよいよ飾り込みです。おそらく図録などの校正作業も最終盤を迎え、展覧会のジェットコースターもいよいよクライマックスに近づきます。どこに何を配置するのか、という展示案（いわゆる「図面引き」）は担当者が作成しますので、展示台を使用する場合は、事前にそのセッティング指示を出しておきます。そして、通し番号をふった付箋をケース外側に貼り付けておきます。こうすることで、担当が指示をいちいち出さなくても作品をどこに配置するのかが共有されるわけです。

それでは展覧会担当者は展示作業日に何をやるのでしょうか。一つの正解というか理想としては、「何もしない」だと思います。といいますのも、作業日（飾り込み）当日は膨大な「どうでもいいけど決めなければいけない事」が発生するからです。

たとえば、「出品リストの用紙の色はどうしますか」「パネルの釘は正面から打ちますか横から打ちますか」「ライティングの位置はどうしますか」（おおよそは決まりますが、たとえば右寄せにするか左寄せにするか作品正面にするか、といった「答えがないこと」が発生します）、「キャプションの高さはどうしますか」「掛け軸をつるのはワイヤーにするかフックを打つのか」「巻緒は右に寄せるか左に寄せるか」といったようなさまざまな質問が寄せられます。精神的に余裕がないと

「いやどっちでもいいっす」

と言いたくなりますが、それをその都度決めていくのが展示作業中の担当者なのです。作業日当日の担当者の作業量は膨大です。もちろん事前に図面は明示していますし、たとえばキャプションについては

「キャプションのセンター位置を会場床面から一三五〇ミリ、作品左側の面（ツラ）とキャ

プションの右面の間一五〇ミリあけるような感じで」

と指示しておけば、ある程度習熟した人ならそれにしたがってどんどんキャプションを貼っていってくれます。ちなみに当館のキャプションは、私が担当する場合はガラス面に貼るタイプを採用しています。このあたりは担当者の好みが出ます。なお、これを採用してから「見づらい」という苦情は本当に激減しました。この方法はディスプレイ業者に頼んでいるのではなく自分たちでやっていますし、これまでも他館から照会を受けた際には教えているので、やってみたい館は実際に様子をご覧いただき、そのうえでぜひ桑名市博物館まで連絡をいただければと思います。この作業は難しくはないのですがコツがいりますので、実地指導は必要だと判断しています。

そうやってキャプションを貼っていく作業の中でも、たとえば「ガラスの継ぎ目にかぶる」「隣の作品とケンカする（＝間隔が狭く作品に集中できない、といった意味）」「貼りより置き（またはその逆）の方が見やすい」などの事象が発生しますと、担当に確認する必要があります。したがって、担当者はフロアに常駐し、つねに目を配っていてもらえると、

「すみません、ここのキャプション位置なんですが～」

と声をかけやすいわけです。良かれと思って担当者本人がテグスなど打っていたり、開梱作業をしていたら、その作業が終わるまで声がかけづらく、その間キャプションの作業が止まります。それより、展示全体に目を配り、「ここは足りている、ここは足りていない」を総合的に判断できるようになれば、いわゆる展示ができる学芸員として〝一人前〟と言えると思います。いわば担当者はオーケストラの指揮者のようなもので、展覧会という曲を奏でているとでも言えるでしょうか。

ですから、「何もせず展示会場にいてぶらぶらしているのが正解」、というのはこういう意味なのです。逆にいけないのが直前まで事務所にこもってパネルやキャプションの原稿を書いていているパターンです。こうなりますと、指示を得ようにも得られず、全体的なスケジュールが押しがちです。結果、展覧会の副担当(担当者の補助に入る学芸員。「サブ担当」ともいい、なかなか苦労の多いポジションです)が展示会場で八面六臂の活躍、という誰の展覧会かわからないような状況にもなりかねません。

ドキッとした方もいらっしゃるとは思いますが、スケジュール管理は担当者の大事な業務です。きちんと余裕をもって進めていきましょう。

作業の指示として重要なのは、

「Aという作業をB（人）でC（時）までに終わらせてください。なおフィニッシュのイメージはDです」

と示すことです。このAからDの四要素のうち、ひとつが欠けていると作業者の負担が重く、ふたつ欠けているとまず終わらないと思います。AとDは近似値なので、いわば作業の全体像（ボリューム）、かかる人工《にんく》、そして期限をきちんと示すことです。

また、担当者は適切な指示出しができるようになる必要があります。三人の作業員がいるならば、AさんとBさんに二人で大幅をやってもらい、その間にCさんに空いた段ボールを片付けてもらう、といったような作業の割り振りです。その際、「○○が終わったら休憩」「今日は1階の西側はすべて飾り込みます」といったような具体的なゴールと終了時間を示しておくことです。逆に、「Aという作業やってください」でAが終わると、「次はBをお願いします」となり、Bが終わると「次はCを……」というのは意欲が削がれる頼み方です。人間は、終わりが見えない作業と五月雨式の業務依頼を本能的に嫌います。したがって、「今日やらないといけない作業はA・B・Cの三つです。この順で進めてください」と指示を出す方が良いでしょう。こうしたやり方は、先輩の方法から見て学ぶのが一番なのですが、学芸員が少ない館だとなかなか学ぶ機会は少ないと思います。そうした場合は、地元の博物館協会に相談するか、知り合いの館へ展示作業見学をお願いしてみるのも良いでしょう。

展示作業中、担当者は展示室内で常駐し、目を配り指示を出すだけ、作業には入らない。これがあくまで理想です。ちなみに、展示作業中の担当者に電話や面会を取り次ぐというのも非常識です。手術中の外科医が電話に出るでしょうか。それほど展示作業中というのは担当者にとって全集中が必要な時間なのです。

展覧会のＰＲ

さて、せっかく開いた展覧会ですから、数多くのかたにご覧いただきたいものです。そのためにはマスコミ各社の協力が不可欠です。普段から地元の記者クラブとは友好関係を保っておきましょう。

一般的に公立館の場合であれば、広報部局にプレス資料をわたし、そこから記者クラブへ発表してもらう、いわゆる「投げ込み」が主流だと思います。これは、地域版を担当する記者さんへの情報提供となりますので、市役所の他部署から出る膨大なニュースに紛れ込んでしまいます。そのため、なんらかのアクセントをつけることが目にとめてもらうコツです。中でも好んで用いられるのが

新発見
初公開
大流行

です。皆さんもニュースなどで「新発見！　明日から○○博物館で展示！」というのをご覧になられて、「そんなすぐ展示するなんてすごいな」と思われるかも知れませんが、おおむねああしたものは、

すでに発見されていたもの

です。あとはいつ発表するか、の問題です。ただ、展覧会の調査を進めていく上で新発見の作品というのは出てきますので、そういう意味で展覧会がお披露目の場になるのは間違っているわけではありません。新発見は、個人の家から出てくる、古美術商から持ち込まれる、各ミュージアムが整理していたら出てくるなどさまざまです。

こうした作品があれば、展覧会の「目玉」になります。

なお、こうした「展覧会の目玉は?」と聞かれることを学芸員は嫌います。展覧会というものは、すべてが不可欠なパーツで成り立つものなので、「展覧会の見どころは?」と言われても「すべてです」というしかないし、それが嘘のない実感です。しかし、記者はほぼ100%聞いてきます。そこに「すべてです」と言っても、お互い不幸なだけです。なにしろ、記者には展覧会に興味を持ってもらい、プロとして記事を書いてもらう必要があるからです。そこは仕事として割り切りましょう。

ただそうそう珍しい発見があるわけではありません。その場合は、「初公開」に狙いを定めます。これはなかなか汎用性が高い言葉です。海外の作品が日本に来たら「本邦初公開」ですし、都道府県内で初公開であれば「県内初公開」、市町村区域で初めてなら「市内初公開」と、そのありがたみは徐々に下がるものの、何となく

「あ、なんかすごいかも」

と思わせる効果があります。ここがポイントで、「なんとなく、気になる」という気分にさせたことで広報的には成功なのです。「とりあげて、目にとまらせて、噂して、バズらせなければ人は動かじ」(杉本竜作)というように、それぐらいまでしないと人はなかなかミュー

ジアムには来てくれません。広報資料には出品数はもちろん、初公開○件なども入れておきますと、マスコミの方も「いちいち聞かなくて良いので助かります」と喜んでくれます。そこはお互いさまなのです。記者にうかがうと、自分の記事が話題になるのはやはり嬉しいとおっしゃいます。ですので、そこは利害の一致する運命共同体ですから、協力していきたいところです。

とはいえ、現在は記者の数も減らされ、広い地域を少ない人数でカバーすることが常態化しており、取材に来ていただく機会そのものが減っています。そして、地方支局に配属される記者は歴史や文化の専門家というわけではありません。そのため、ミュージアムに興味がない記者も当然いますし、そうした方はまず取材に来てくれません。ここが最初の課題です。興味がない記者にどのように展覧会を取り上げてもらうのか。簡単ではないですが、いくつかアプローチは考えられます。

①個人的に仲良くなる。
②その記者の興味のある範囲でミュージアムの仕事を伝える。

出身大学が同じ、サッカーが好きといった個人的に共通のものがあれば①が有効です。学芸員が、さまざまな話題に対応できるようにしておく必要があるのはこういうところです。個人所蔵家のところに行くと、こちらを値踏みするような質問をされることがあります。そうした際に的確にこたえられるかを所蔵家は見ています。歴史や美術史だけではなく、幅広い知識・興味が問われる場面です。

私の場合ですと、競馬、プロレス、サッカー、お笑いといったあたりが守備範囲ですので、まずはそのあたりに会話のジャブをだしてみます。

たとえば携帯の裏側に好きなサッカークラブのエンブレムを貼っておく、プロレス団体のネックストラップを使う、旧制高校のエンブレムが貼り付けられたコップを使う……。こうした些細な点を見逃さず、

「あ、それ新日のストラップですか？」

と食いついてくる記者さんであればプロレスファンの可能性が高く、G1トロフィーを展示した話などをすることで興味を抱いてくれるわけです。

②は、少し戦略的です。たとえば文化財に興味はないが福祉や介護に興味がある記者であれば、「障がい者の作品鑑賞」や、北名古屋市歴史民俗資料館の回想法を紹介してみるといった方法です。この場合は、ミュージアム業界に関する幅広い興味と情報収集が必須です。

こうして、取材のときだけでなく、何もないときに館に立ち寄ってもらえる、という関係性を作れれば一歩前進です。また基本的に新聞記者はインテリが多いので、ひとつ話がハマれば関係性が築きやすいと思います。私もこれまで多くの新聞記者と仕事をしてきましたが、皆さん取材に熱心な方が多く、相互で良い関係を築けたことが多かったと思います。

開催記録

当館では、資料返却の際に「開催記録」を作成して相手にお渡ししています。総入館者数、一日あたりの入館者数、図録販売数などが一覧となったA4の書類です。返却の際には必ず「どれぐらい入りましたか?」と聞かれるのですが、口頭では数字も間違いやすく、またこれまでの当館の実績に比較してどうか、というのを伝えるのが大変でしたので、過去の特別展のデータなども掲載した書類を作成しお渡ししています。

まとめ

いかがでしょう。一見華やかな展覧会の背景をご紹介しましたが、どういった感想を持たれたでしょうか。このように、「展覧会はミュージアムの花」ですが、その背景、根っこにはこうした膨大で地味な作業が隠れています。展覧会の実務面において担当者にもっとも必要とされる資質はスケジュール管理能力です。その意味では、展覧会担当者のプレッシャーはすさまじいものです。しかしそれゆえ、開幕した際の充実感は何物にもかえがたいと思います。また、来館者の方から「素晴らしい展覧会でした」と直接声をかけていただいたときの嬉しさは経験した方ならおわかりになるでしょう。展覧会の背後には、こうした学芸員および多くのスタッフの努力が隠れていることを少しでも知ってもらえればありがたく思います。

第3節　講演会

講演会の開催

さて無事に展覧会が開きました。始まったからには多くのお客さんに来てもらわないといけません。そのために展覧会開催中はさまざまなイベントが実施されることがあります。

学芸員となって気付かされるのは、

「人に説明する仕事の多さ」

です。展示解説はもちろん、組織内における予算ヒアリング、借用先への展示概要の説明など、枚挙にいとまがありません。その中で、最も多くの人の前で話すのが「講演会」です。学芸員なら、多かれ少なかれ講演会の類は体験すると思いますが、ここでは講演会を実施する側の観点から、気を付けたい点を述べておきたいと思います。

展覧会にあわせて開催される「記念講演会」は、展覧会にかかわる分野の研究者の方（大学の教員や他館の学芸員。稀にタレントや作家の方）を呼んでお話をしてもらいます。そうした際、押さえておくのは、

①いつ
②どこで

③だれにしてもらうのか

という三つの要素です。「いつ」と「どこ」は会場押さえの関係から必須ですし、「だれ」にしていただくかも重要です。その点、会場が自館であれば、融通がききます。これは当館には講演会を実施する場所がなく、会場押さえですごく苦労してきた実感を込めていいますが、そういう施設がある館の方は講演会を開催する上では大変有利であるという自覚を強くもっておくことが重要です。

ここでは自館以外の会場で講演会をする館の場合で準備を進めてみましょう。

まずは講師の人選です。その分野に通暁したかたを選ぶのはもちろんですが、予算や人間関係などさまざまな要素を勘案して決定することになるでしょう。自らの指導教官筋や知り合いで頼むのも良し、テレビに出ているような著名な方をお呼びするのも良し、そのあたりは担当者の裁量になってきます。

講演会の依頼は基本的に借用交渉と同様です。知り合いの場合であれば直接電話するか、あるいは知人を介して依頼をします。全く知己がなければお手紙を書いて、そのあとに電話を入れてお願いをします。

講師が決定しますと、使用する会場の空き状況を確認します。来場者の都合を考えますと、当然会期中の土日の午後でしょう。展覧会が開催される秋口はどこもイベントでいっぱいです。したがって早めに手を付けることが重要です。何日か空きを確認したら、もし可能であれば仮予約を入れておきます。そして講演者の方にご連絡をし、日程を調整します。もし仮予約の中で日程が収まればそこで決めてしまいます。もしNGであれば、他会場を探すしかありません。

会場の広さも重要です。ガラガラでは演者に失礼ですし、大入り満員というのも参加できない人がいて気の毒です。ある程度の集客数予想も重要です。

また参加方法をどうするかも重要な問題です。参加費無料、当日先着順が一番シンプルです。これに加えて、事前予約制にしておくと集客数も読めるので良いのですが、電話やネット予約など方法を考えないといけません。また、併用方式ですと定数に達した際にどこで締め切るのかも決めておかないといけないでしょう。近年はネットからの申し込みが多くなってきたイメージがありますが、公的機関が実施する場合は「誰でも参加できる」というのが条件になりますので、インターネットだけに絞るのはまだ難しく、電話やファックス、郵送との併用というのが現状の大多数を占めるのではないかと思います。ミュージアムが開催する講演会の参加者層の多くは高齢者が占めるため、電話申し込みもまだまだ多く、地方自治体の広報に掲載する場合はさまざまな申し込み方法を準備しておくことが必要です。

次に広報です。講演会単独でポスターやチラシを作成する予算があれば良いですが、なかなかそこまでの余裕がないのが多くのミュージアムの現状でしょう。したがって、展覧会の広報物に掲載する方法が多く採用されます。

そうなりますと、印刷物の締め切り前にすべてを確定させておく必要が出てきます。印刷物スケジュールは、非常にタイトです。それは、契約管理といった業務は地方公共団体の調達ルールにのっとって粛々と進められており、自前でやるのではなくそうした部局に依頼を通じて実施することが多いからです。

たとえば一〇月中旬実施の講演会であれば、印刷物は遅くとも九月中旬くらいには納品してもらい、各所に配布・周知したいところです。

すると、チラシであれば最終校正が九月アタマになります。その間の初校・二校のやり取りを含めると八月半ば、お盆休みで一週キープしておくと八月アタマには原稿を入れたいところです。したがって七月後半の段階で演者・演題・会場・募集方法などは決定しておく必要があります。慣れている方はともかく、講演者の側からすると
「一〇月の講演会なので、まだ早いのでは」

と思われる方もいらっしゃいますので、その場合は上記の話を丁寧に説明するしかありません。または「仮題」でいただいておくのが良いでしょう。
私がこうしたいわば「舞台裏」を記そうとしましたのも、

「この館もチラシを作れば良いのに。いまならネット業者で安くきれいにできるのに、勉強不足な館だな」

と来館者の方に言われ続けてきたことへの説明責任を果たす必要があるからです。言って下さるお客さんは何も悪意はありません。むしろ私どもに対して善意からご助言くださっているのです。本当に心から感謝しています。そしてこちらも「市役所の契約調達のルールが……」「予算がないので……」などと「できない理由」を言うのは、悔しく、また学芸員として大変情けないことですので「……申し訳ありません……」としか言えなかったのです。ミュージアムの置かれている立場と、これをいかにすればより良くできるのかについて、議論を進めていくことができれば大変嬉しく思います。

謝礼

講演者への謝礼ですが、公務員の場合、講演料を辞退され、交通費のみとなることがほとんどです。講演料は、本来正当に受け取ることのできる報酬ですし、

「予算がないから講演料を払う必要のない公務員学芸員に依頼する」

となんとも情けない流れを助長するので感心しないのですが、これはどうやら依頼側だけにとどまらない問題をはらんでいます。受け取られない方の事情を内々に伺いますと、

- 勤務先への書類の提出が煩雑
- 組織内でどういう業務なのか細かい質問を受けるのが嫌
- 上司が認めてくれない

といったさまざまな理由があるようです。実際、とある講演会で某博物館の森山さん（仮名）が、「○○文化研究会」という肩書で登壇されていたので、講演後「森山さん（仮名）、ぶしつけな話なんだけど○○博物館やめちゃったの？」と尋ねたところ、「いやいや、辞めては

ないんだけど、今日は休み使って講演に来てるのよ。すると館の事情で休みの日なら館の名前出すなと言われちゃってさ」とのことでした。

もちろん解釈はそれぞれですし、各館の事情というのもあります。その館の対応ももちろん一理ありますが、逆にそうした際に館の名前や展覧会を売り込むチャンスと捉えるのもまた一理でしょう。森山さんは人格が素晴らしいだけでなく、業務・研究に熱心で、私が敬意を払う学芸員の一人です。こうした有為の人材を自治体の文化財ＰＲに「活用」していくことは今後重要なことだと思います。

なんといっても講演会やシンポジウムに声をかけてもらえる、ということは大変名誉なことです。せっかくのチャンスを、その学芸員の視野見分を広げるためにも、自治体のＰＲのためにも最大限利用するしたたかな戦略的思考も必要だと思います。

このように、さまざまな事情から講演料を受け取っていただけない場合はあくまで交通費を負担する、という形で対応することになると思います。

作家や芸能人の方にお願いする際は、それぞれのマネージャーや秘書のような方と講演料の交渉を行うことになりますが、そのあたりは向こうもプロなので慣れています。

次に依頼状を出さなければなりません。おおむね館によってフォーマットが決まっていると思いますが、打ち合わせしておいたことをきちんと書面化しておくことが後々揉めないためにも良いでしょう。開催時日や集合時間、場所、緊急連絡先、パソコンは持参かどうか、パワポを使うかどうか、配布物の有無、質問を受けて良いかどうか、プロフィールはこれで良いか、などを決めていきます。

講演会の準備の心構えとしては、「すべてを疑え」です。あまりお付き合いのない方の場合は特にそうです。

「パソコンは持参するんで大丈夫です」

とおっしゃられた場合はこっそりと代替パソコンを用意するくらいの気持ちで対応しましょう。当日普通に忘れてきたり、「パソコンの準備お願いしていましたよね？」と言われることがあります。本当に恐ろしいことです。むしろ、「先生すみません、念のためパワポのデータは配布物の関係で前日午前中にいただけると助かります」と伝えておくぐらいの戦略的思考は欲しいところです。

まだ当日パソコンやデータを忘れてくる講演者は可愛いもので、講演日を忘れる、講演会場を間違える先生などもいると聞きます。もしそうなった場合、講演会の開催そのものが流れてしまう可能性がありますので、講演会を楽しみに来ていただいている方のためにもここは心を鬼にして準備を進めておく必要があります。

スケジュール管理が苦手とお見受けする先生には、前日くらいにご機嫌伺いの電話を行い「明日はよろしくお願いいします。講演が楽しみでつい電話してしまいました」くらい伝えておくのが良いでしょう。表面は笑顔で、内面はしたたかにサバイブしましょう。繰り返しますが、本当に危ない先生には依頼しないことです。「危ない」「危なくない」はどこで見分けるのか。業界内に「信頼できる情報筋」を作っておき、情報収集を常に心がけることです。

開始時刻

講演会は一三時三〇分開始、あるいは一四時開始というのが多いと思います。もし展覧会に付随して行う展覧会であれば、講演者に

「展示は先にご覧になられますか？　それとも講演後にご覧になりますか？」

と聞いておくと良いでしょう。大体は先にご覧になって、観た感想などを講演会に盛り込む方が多いように思いますが、場所によっては講演後の観覧になることもあるかと思います。

もし先にご覧になるということでしたら、一〇時くらいに駅に迎えにいくのが一般的でしょう。自館に専用の公用車があれば問題ありませんが、なければ公用車の手配を忘れないようにしておきましょう。

お迎えは二人一組で行くのが良いでしょう。緊急の連絡があった際、一人で迎えに行っていますと運転中などで電話に出られないことがあるからです。また、複数人ですと丁重さも加わり言うことなしです。そして先生と面識のある、あるいはお顔を知っている人間が駅の改札でお待ちし、車までご案内する、というのが理想です。該当者がいない場合は、先生のお名前を書いた紙や御著書を持つ等、なにか目印を持つことが考えられます。その本が図書館から借りた本でなければなお良しです。

「直接会場まで来てもらえばいいではないか、駅まで迎えに行く必要はないのでは」

というご意見もあるかと思います。おそらく講演会のロジ（イベントなどの裏方的な仕事をビジネス用語でこう呼びます。由来は「ロジスティクス」からです）を経験されていないか、あるいは失敗したことのない大変優秀な方だと思います。私は絶対に行く必要があると確信しています。

会場が駅と直結している場合をのぞき、少しでも歩く可能性があるのであれば、雨などの可能性も配慮してお迎えにいくべきです。地元の人にとっては自明である、駅から講演会場までのルートも、他地域から初めて訪ねてきた講演者にとってはなかなか不案内なものです。また、講演者の中にはある種独特な方向感覚をお持ちの方もいらっしゃるかも知れません。

「駅東口改札でお待ちしてます」

とお伝えしたのに西口で待たれていて、「迎えに来てないじゃあないかッ！」と激高された先生もいらっしゃったという噂を聞きます。

また、講演者が到着しない会場で待つことほど恐ろしいことはありません。いち早く到着時刻を確認しておき、駅改札から出たところで身柄を確保して安心したいところです。

「時間にあわせてくるのは大人だから当たり前なのでは？」とお思いになられる方もいらっしゃるかもしれません。みんながみんな、そうしていただければすごく幸せなことです。

しかし現実はそうではありません。漫画家・手塚治虫の編集者の話を聞いたことがありますでしょうか。手塚は人気作家ですので、各雑誌社の編集者が手塚の仕事場に泊まり込み、原稿が上がるたびに社に持ち帰っていました。ある時、それを無意味と思ったある編集者が、「自分は泊まり込みません。先生を信じて、締め切り日に原稿を取りに伺います」と言ったそうです。手塚も「君は私のことをわかってくれている。君のところを一番に仕上げるよ」と答えたそうですが、手塚はその社の原稿を落とし続け、その編集者は手塚番を外されたそうです。人を信じる気持ちは大事ですが、それだけではダメなことをこのエピソードは物語っています。

私も一度、とある大事な会議のロジを担当した際、お願いしていた先生にすっぽかされたことがあります。組織のトップをはじめナンバー2、ナンバー3が揃う中、その先生だけが来られないという状況で……。なにか事故でもあったのか？　と思いながら開始時刻が過ぎていきます。その先生は携帯をお持ちでなかったので自宅に電話したところ、その先生が出て、「何の用ですか？」とおっしゃられた際には本当にもう……目の前が真っ暗になりました。当時の上司は滅多に怒ることのないとても温厚な方でしたが、会議後にこってりと絞られまして、

イベントを招集し無事終わらせるマネジメント

の心がけを徹底的に叩き込まれました。私は、こういう恐ろしいことを皆様には決して経験して欲しくないのです。ただ世の中にはお忙しい方もたくさんいらっしゃいますし、人間ですからついつい忘れてしまうこともあるのです。そしてそれを未然に防ぐ仕事は、やはり誰かがせねばならないのです。

到着から講演開始まで

さてお迎えも無事終わり、一〇時二〇分くらいに館着、まずはその日に出勤している一番の上役、館長か副館長の出番です。出迎えて挨拶をしていただきます。また講演者からお土産をいただいていたならば、ここで上役に「先生から結構なお土産をいただいておりまず」と伝えて、上役から一言お礼を言ってもらいましょう。まれに何も伝えない人もいますが、こういうときは上役からお礼を言っていただくのが大事です。それは、いただいた手土産がきちんと館全体で共有されていますよ、決して上役に報告してないわけではないですよ、というサインでもあります。そして同じ内容であっても立場の違いによって言葉の重みは変わってくるからです。また、ミュージアム外交の経験が少ない上役であれば、こうした機会を通じ「館同士のお付き合いには相応の礼儀が必要である」ということを実地で体験しておいていただくことに意義があります。

上役に一〇分ほど如才ない対応をしてもらい、館内展示をご案内します。

次に午前から会場をおさえているならば、会場の雰囲気を先生にご覧いただき、機器のチェックをしておきましょう。パワーポイントのデータが変に映る、ケーブルを忘れた、スクリーンが降りてこないなどのトラブルがないようにしておきましょう。マイクのテストも忘れずにしておきます。もしあっても講演開始まで時間があれば善後策を練ることができますので、会場チェック、機器チェックは早めにしておくに限ります。

一二時頃になると昼食です。お弁当を用意するパターンもありますが、もし一緒に食事に行かれるのであれば予約は必須です。講演会は土日ですので、お昼時に飛び込みで入るなんて無謀なことをしてはいけません。

こういう時のために、館周辺および講演会場周辺のお店はリサーチしておく必要がありま す。常連になっていれば、多少の無理（「ごめん急な予約お願いできませんか？」「◎◎美術館さんの××さんやろ？　まかしとき！」）も対応してくれる場合があります。

学芸員同士の交流が深まるのはこういうときです。肌感覚ですが、

飲み会＞食事＞お茶＞立ち話

という感じで人間関係は深まっていきます。もちろん飲み会が苦手な方もいらっしゃるので、無理強いはいけませんが、やはり「同じ釜の飯を食う」という行為は親睦を深める上で重要な要素です。したがって、ランチくらいであれば交流を深めるチャンスだと思って積極的にお誘いしてみるのが良いでしょう。無論、何か合わないな、と思えば誘わなくて大丈夫ですし、誘われても嫌なら「すみません、予定がありまして」などと答え穏便にお断りしておく方が良いでしょう。食事代金ですが、昨今はコンプライアンスも重視される世相ですので、自分の分は支払うという形で問題ないと思います。

昼食が終われば、会場に入りましょう。その際に大事なのは控室です。控室がなく、講師の方を会場に入れて先に講師席に座らせているパターンがありますが、これは良くありません。講師のファンの方が話しかけに来たりして、講演前のレジメの見直しや、最後の確認など集中してできない場合があります。確実に控室を用意しておくべきです。そういった部屋がなければ仕方ありませんが、小会議室をもう一つ借りるなど、可能な限り配慮はすべきだと思います。概ね開始の二〇分くらい前に控室に入っておいていただくのが目安でしょう。

意外と忘れがちなのが演台の水です。ペットボトルとコップを用意しておきましょう。最近はマイボトルをもってこられる方もいらっしゃいますが、準備をしておくのがやる側の礼儀です。

講演開始から終了まで

さていよいよ講演会です。まずは司会が挨拶します。撮影は大体NGだと思いますが、内容をSNSで拡散するのはOK／NG等、注意事項をまず申し述べます。ここらあたりの判断は本当にまちまちなので、演者の方と事前にすり合わせをしておく必要があるでしょう。私自身も講演会をする側、開催する側の両方を経験してきましたが、本当に千差万別です。近年では動画配信もする場合がありますので、その際にも細かい条件を決めておくことは必要だと思います。

司会から講演者の紹介があり、いよいよメインである講演の始まりです。講演が始まるまでは、空調は効いているか、レジメの不具合はないか、受付に問題はなかったかといった諸問題への対応を行います。そのため、担当・司会・受付を考えると講演会には最低でも四名くらいのスタッフが必要です。小規模館で講演会場にこれだけの人数を貼り付けるのは中々大変ですので、講演会は大ごとになります。そのため、文化振興課といったような他の関連部署と共催にしてしまうのもひとつの手でしょう。たとえば上下水道を管轄している市役所であれば、何らかのイベントの際に水道史研究者を紹介する、そのかわり○○博物館を共催にしてもらう、などの手が考えられます。地方自治体も講演会の事業に慣れているところとそうでない部局がありますし、職員も得手不得手があります。その点、継続的に事業を実施しているミュージアム側のノウハウは、じつは地方自治体にとっては大きな財産です。この他にも、各課や商工会議所、地元諸団体と絶えず情報交換しておくことで講演者を紹介する機会があるかも知れません。そうした機会をとらえ、「ミュージアム以外の諸団体」とのパイプを太くすることができると思います。

さて講演ですが、予定通りの時間に終われば問題ありません。また、講演者もプロですから、一時間三〇分であればおおむねプラスマイナス五分程度に収めると思います。ただ、まれにそうならない例を聞きます。たとえば講演会がはじめて、という若手の方であればどれぐらい準備しておけば良いのかという感覚がまだ身についていないので、半分くらいで材料が尽きてしまった、という話を聞いたことがあります。その際は司会の方が残り時間を講演者とのトークショーのような形にしてまとめたそうです。

逆に延長してしまう例、これは様々なトラブルを引き起こします。会場の片付けや借用時間の問題もありますし、スタッフもあまり長い時間貼り付けておくことはできません。一時間三〇分の講演であれば、まぁプラス一五分くらいまででしょうか。あまり伸びるようならカンペで「お時間です」などと示して終わってもらうしかありません。盛り上がっているところを大変申し訳ないのですが、参加者の中には終わる時刻を見越して電車やバスの時間を調べておられる方がいるかも知れません。であればなるべく予定時間内に終わらせたいものです。

講演会が終わりに近づけば、参加者から質問を受けます。この際、ごくたまに「なかなか講演者が答えづらい質問」、いわゆる「不穏質問」が出てくる場合があります。そうした際は、司会が上手にクロージングすることです。そのあたりをいかに未然に防ぎ、もし出てしまった際には不穏ではないように終わらせるのも司会の腕でしょう。そのため、マイクを質問者に手渡さずに、いわゆるインタビュー形式にしておくと質問の切り上げ時をある程度こちら側の裁量で進めることができます。立川談志は「マイクを持っているほうが強い」と言っていたそうですが、それもひとつの保険でしょう。

感心しないのは対応を講演者に丸投げしてしまうことです。百戦錬磨の方であれば、上手にあしらってくれるでしょうが、そうした場合ばかりではありません。やはりここは主催者が一定の働きをせねばならないと思います。

「お時間もございますので」「次の方のご質問もありますから」といったご案内をしても自説を開陳され続ける方、大声を張り上げる方などは、条例にのっとりご退去いただく他ないと思います。これ以上は他のお客様に迷惑もかかりますので、複数人で囲んで諦めていただくしかないでしょう。こういう際に、男性職員からお願いすることが経験上有効です。もちろんこんなことが起こらないにこしたことはないのですが、リスクはきちんとマネジメントするのが主催者側の責務です。

そのためには、まず根拠法令をきちんと理解しておくことです。多くの公共施設の場合、施設の使用に重大な問題が発生する場合、退去を命じることができます。いわゆる「秩序維持条項」というものです。たとえば桑名市博物館では、桑名市博物館条例第一二条一項で注意、第二項で入館拒絶・退館命令を出すことができます。このように、使用している会場のルールにのっとり、不穏な場合は適切な処置をされるのが良いと思います。

さすがにここまでの対応はできかねる、あるいは当日は女性職員しか手配できない、という事情がある場合は、質疑応答を無しにするのも一つの手段です。その場合は講演終了とともに講演者の方は舞台から降壇していただきます。そういえば近年は質問を受けないスタイルが増加したように思います。

さて無事終了しましたら先生を控室にお送りし、この後の予定を伺います。再度展示をご覧になられるか、あるいは帰られるのか。帰られるのであれば、「お送りしましょうか」と尋ね、問題なければ電車の時刻にあわせて駅までお送りします。パソコンをお持ちの場合はパソコンを接続からはずし、お渡しします。USBなども忘れやすいので、データは一度デスクトップに移しておいて、USBそのものはご返却しておくのが良いでしょう。ただ、昨今は外部からの接続が禁止されており、外部USBを読み込まないパソコンが各自治体に導入されていますので、データは先にファイル便などで送ってもらい、無害化処理などをしておく方が安心でしょう。

講演者を駅まで送り、お見送りをしましたら、館に戻り御礼のメールを出しておきましょう。また、交通費の支払いなどもすぐに取りかかります。支払日が確定しましたら、「〇月〇日に振込予定です。宜しくご確認ください」と連絡しておきましょう。講演者からは謝礼や交通費（それが特に数百円、数千円程度であればあるほど）が振り込まれていない場合、なかなか言い出しにくいものです。ですので、ささいな金額であれ素早く対応することが、確実に館への信頼に繋がります。肝に銘じておいていただきたいところです。

MLセミナー

当館のように「講演場所のない館が定期的に講演会をするためにはどうすれば良いのか」

という命題に対し、協力していただいたのが桑名市立中央図書館でした。図書館職員のMさんが大変熱心に取り組んでいただき、フォーマットを作ってくれたのです。それは、以下のようなものでした。


展覧会ごとにセミナーを実施する。

博物館の職員が講師をつとめる。

場所は図書館が押さえる。

広報は図書館が行う。


これをミュージアムのMと、ライブラリーのLから「ML連携事業」と名付け、数年前から実施しています。

当館としては場所の確保と、図書館内のポスターなどで周知していただけますし、図書館側も講師の人選に悩まずに、毎年五〜六回ほどの講座を実施できます。いずれも好評で、多くの参加者の方にお越しいただいています。また、生涯学習をになう二施設が協力しているという点から桑名市の社会教育委員会などでも常に高い評価をいただいています。

図書館側の負担もある中で、こうした事業を共同で実施できていることは大変ありがたく思います。何か課題があれば、周辺に相談してみる、持ちかけてみるということの重要性を教えていただいた貴重な経験でした。

アンケート

もしアンケートを取っていたならば、その結果を講演者にお渡ししておきましょう。その際、アンケート結果の用紙をそのまま送るのではなく、客層、感想、良かった点など主催者で整理して送付しましょう。

多少のクレームはこちらで意図をくみとりお伝えします。

「声が小さい。もっと大きな声が出せないのか」

↓「声が小さくて聞こえなかったと仰る参加者もいらっしゃいました」

という具合です。若手の講演者であれば参考になるかもしれませんが、それにしてもあまり厳しい表現をそのまま伝えることはかえって委縮につながりかねません。こうした、目に余るネガティブなアンケートについては館内で取り扱いを協議しておいた方が良いでしょう。

まとめ

展覧会にしても講演会にしても、その準備はさまざまな気配り・事前準備が隠されています。本節を通じて私が皆さんに伝えたいのは、

講演会の準備をする際は、人間を信用してはいけない。

ということです。もちろんほとんどの講師の先生は間違いなく時間通りに来られますし、「PCを持参します」といえば持ってきてくださいますし、スライドの準備もしてくださいます。ただ、ごくごく一部の先生はそう言っていたにもかかわらず遅刻した上に「PCはそちらで準備してくれると言ってましたよね」と平然とした顔でおっしゃられるのです。そうした際に、「いや、先生がPCを持ってきてくださるって言ってましたよね」と反論しても、意味がありません。その場合、一番迷惑をこうむるのはだれか。その先生の講演を楽しみにしてこられた聴衆の皆さんです。「先生がPCを忘れたので、本日の講演会は開催できません」と本来言うべきなんでしょうが、なかなか言えません。

そのためには、たとえどれほど理不尽であろうとも、その場は耐え忍びPCを準備しないといけないのです。

それであれば最初から、たとえ無駄になってもＰＣを準備しておく方が良いのです。それがリスクマネジメントというものです。

COVID-19による自粛以後、講演会もオンラインが増えていますが、それでも対面での講座は変わらず人気があります。むしろ、より貴重な機会とみなされているのではないでしょうか。また、講演会を聞いて展覧会をご覧になる方も多く、集客への影響もありますし、教育普及上の効果も大きいことから多くの館で実施されています。こうした講演会を実施する側になった時、イベントごとにはさまざまなリスクがひそんでいる、ということを肝に銘じておいてください。

第3章

これからの学芸員

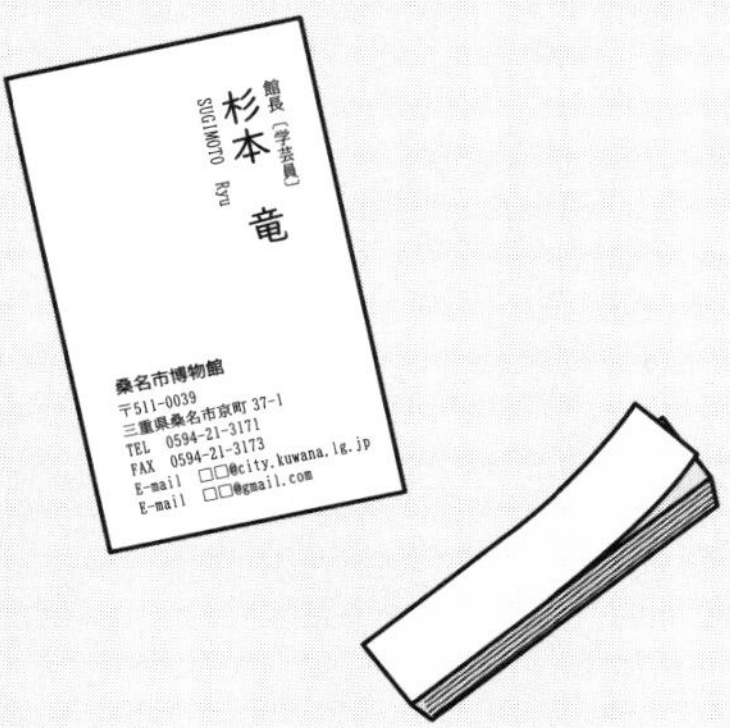
館長〔学芸員〕
杉本 竜
SUGIMOTO Ryu
桑名市博物館
〒511-0039
三重県桑名市京町 37-1
TEL 0594-21-3171
FAX 0594-21-3173
E-mail □□@city.kuwana.lg.jp
E-mail □□@gmail.com

この章では、これからの学芸員に求められるものや、マスターしておきたいこと、学芸員の出世や出会いなど、ライフハックに関することを述べておきたいと思います。

第1節　学芸員のライフハック

電話

まず就職した際にマスターしたいのは電話のマナーです。メールやSNSでのやり取りが増えたとはいえ、借用交渉などまだまだ電話を使用する機会が多いのが現状です。大規模館だと代表番号があり、そこからつないでもらう形が一般的ですが、小規模館ですと学芸員自らが電話に出ます。そのため、かかってくるさまざまな用件に対応する必要があります。館の開館時間やアクセス方法、単純な質問（「松平定信はいつ生まれたのですか？」というような質問ですが、インターネットの普及で以前に比べるとかなり減りました）はその場で答えれば済みます。しかし、なかなか答えづらい質問がいくつかあります。

そのひとつが、

「○○のシリョウはありますか」

です。これは窓口応対でもよくされる質問ですが、大変に難しい質問です。我々学芸員が「シリョウ」というとそれは「史料」や「資料」で、いわゆる原資料を指します。たとえば、「松平定信のシリョウ」であれば定信直筆の掛け軸や日記類などがそれに該当します。しかし、来館者が欲している「シリョウ」というのは「松平定信に関してコンパクトにまとまった冊子（無料）」ということが多く、相互の認識のずれが話をややこしくします。そうした際は、館で発行している図録をお勧めするのですが、

「こんな難しいんやのうて、もっと簡単な薄いのないの？」

と「薄い本」を求められたりします。

また、

「ついに歴史の真実に気付いてしまった」

という電話もかかってきます。その際は「なるほど」とお説を拝聴します。中にはその新説があまりにも突飛にすぎるものの、おっしゃる当人は大真面目ですので、

「絶対に笑ってはいけない博物館二四時」

になったという噂も耳にしたこともあります。こうなるとなかなか電話対応も大変ですが、場数をふんでおくことは大事です。若いうちにこうした電話の処理を経験しておくと、のちのち若手が困っている際にかわってあげるなど、対応が出来るようになります。

電話のマナー

また、電話の際には、その応対から相手館を察することができます。まず、

「はい、博物館（美術館／資料館）です」

と「博物館」だけ名乗り、都道府県名などをきちんと名乗らない館は要注意です。通常の館

であれば、日本全国どこから電話がかかってくるかわかりませんので、きちんと
「○○市（県）博物館です」

と名乗るはずです。ただ、これは役所が内線電話においては基本的に「はい財政課です」などと課名しか名乗らなかったことの影響もあるでしょうし、何度注意しても直らない人は直らないので、必ずしもその館の責にするのは気の毒な気もします。いずれにせよ、自分が電話に出る際は、ミュージアムは日本全国から連絡が来る可能性があるというふうに気持ちを切り替えておくことが重要です。

次のポイントは伝言です。担当者が不在で、「それではお手数ですが折り返しいただくようお伝え願えますか」と言った際に、

「かしこまりました、○○が承りました。念のためにお電話番号頂戴してよろしいでしょうか」

と返事をするところはきちんと職員教育が行き届いている館です。また、その人が名乗らな

かった場合、

「すみません、お名前頂戴できますか？」

と確認しておくと後々の連絡がスムーズに進みます。きちんとした館であれば「大変失礼いたしました、私○○が承りました」と言うと思います。笑い話ですが、私の知人が同じように伝言をお願いした人に「すみません、お名前頂戴できますか？」と聞いた際、

「誰の？」

と答えられたそうです。

他にもユニークな相手の見分け方としては、

1 「お昼時に大変申し訳ございません」を言わずにお昼どきの一二時から一三時の間にかけてくる。

2　「遅い時間に申し訳ございません」を言わずに午後五時を過ぎてからかけてくる。

等があります。こうしたことを平然としかけてくる相手には第一種警戒態勢を取りましょう。逆にどうしてもその時間にこちらから掛けないといけない場合は、先ほどのような一言を添えて連絡するのが良いでしょう。そうしたあたりに気を付けておけば、交渉事はスムーズに運ぶことと思います。

また、ビジネスの電話中に、「はい」ではなく

「うん」

というあいづちを打つ人、初対面なのにタメ口の人もまた要注意です。自分が電話をする際には、そうしたことに気を付けて、相手から信頼を得るように努めていきましょう。

マスコミへの対応

さて、ここまで書いてきましたが、実際こうした電話対応をするミュージアムは、私自身の経験から照らして二割もありません。あって一割強、というところです。ミュージアム同

士においてはこうしたトラブル（とも言えませんが）はあまり耳にしません。

ではこうした電話対応のトラブルというのはどこで発生するのでしょうか。当館はそれほど経験がないのですが、話で聞くのは一般の方とマスコミ、特にテレビ局の方が多いとうかがいます。私自身はそこまで酷い対応をされたことはありませんし、皆さんきちんとしたご連絡をしていただく方ばかりで、大変ありがたいことです。それでも

「明日使用する画像をすぐに貸してほしい。時間がない」

といった内容をかなり強い言葉で要求されたことがあります。私が「利用申請書等、しかるべき手続きが必要になりますし、翌日というのはさすがに許可を出すことは難しいと思います。なるべく早くは対応させていただきますが」とお答えしたところ、

「だからお役所は使えねえな」

とつぶやかれたように記憶しています。あるいは「ダカラン、リアクションつかめねえな」

と『機動戦士Zガンダム』のラカン＝ダカランの話をされたのかも知れません。たしかにラカン＝ダカランの後半の行動については疑問が残ります。

先方も急ぐ事情があるのは承知しています。特に昨今の制作現場は余裕がなく、時間に追われて仕事をしているのでしょうから、立場は理解します。ただ、私は、こうした要求に対しては、ルールにのっとって粛々と対応することをお勧めします。愛知県美術館のように所蔵資料のうち、「Public Domain」（パブリック・ドメイン）または「CC0」の表示があるものについては、第三者が著作権などの権利を有していなければ、申請なしでダウンロードし、自由に複製、再配布することを認めるのもひとつの方法です。

他にも聞いた話ですと、展覧会開始前日にアポイントもなしに「話を聞かせてくれ」と展示会場に乗り込んできたテレビ局など、各ミュージアムにも、様々なご苦労があるようです。

名刺は〝弾丸〟である

学芸員は人に会うことの多い職業です。そして社会人同士が会うと必ず行うのが名刺交換です。

当館のアルバイトさんによく伝えてきた格言のひとつに、

「名刺は〝弾丸〟である」

というのがあります。すなわち身を守る護身銃のように肌身離さずもっておく必要がある、という意味です。

「今日は名刺切らしていまして」

という事態を避けるためにも、財布やネックストラップに二～三枚入れておくことをおすすめします。弾丸ですので先に撃つほうが有利です。関係者が来館した際や研修で同業者が多数いる際には手早く名刺交換をしてしまいましょう。そういう多数の名刺が必要とされる際に、

「名刺切らしてまして」

という人は戦場で弾切れしているということです。しかし、逆に自分がいくら注意していて

も度重なる来館者などで補充が追い付かず、名刺が切れてしまうときはあります。
そういうときは、いただいた名刺の住所にお詫び状と共に名刺を入れてすぐ送付すること
です。「名刺が切れていても平然としている」と思わせてはいけません。それは

「お前のような人間は名刺を渡す価値のない人間だ」

「お前に連絡先を伝える必要はない」


と言っているに等しいからです。そうは思ってなくても、相手はそう取ります。それが現実社会というものです。もちろんさまざまな事情から名刺を作っていない方もいらっしゃいますので、いちがいに決めつける対応をするのも好ましくありません。それもまた社会なのです。

また、研修など大勢の学芸員が集まるような会に参加する際には、予想参加人数の二倍ぐらいの名刺を持っていくことをお勧めします。近年はプリンタで印刷できる用紙も販売していますので、印刷して持っていくといいでしょう。繰り返しますが名刺は弾丸ですので、弾切れを起こさないようにしましょう。

会場に到着してからは、たとえば机の左前から、など一定の順にそって挨拶して名刺交換しておきましょう。これは、挨拶漏れを防ぐためです。そして最初に自分から挨拶に行く、

と決めておくと「いつ行こうか」「あいさつすべきかどうか」という逡巡をしなくてすみます。やはりものごとは「先手必勝」です。昨今の研究会や集会ではこうした例はあまり見かけなくなりましたが、そういう時こそ逆に交流を深めるチャンスです。チラシや招待券があればあわせてお渡しすることで、館の認知度も高まります。

こうした営業活動が苦手であれば、知り合いを見つけてそこから知っている人を紹介してもらうか、席の隣や周囲に

「今日はよろしくお願いします」

といって名刺交換をはじめるのが良いでしょう。

相性の良い相手を探すのが目的ですので、数を打つのが重要です。個人的な感覚で言いますとそうした方と知り合えるのは50人に1人くらいだと思います。そのために常に名刺を携帯し、人脈を増やすチャンスを逃さないようにしたいところです。気心の知れた学芸員の友人は、何者にも欠えがたい宝物です。ぜひ多くの友人を見つけて下さい。

できれば大学院生や、就職活動をしている人なら名刺は作って持っておいた方が良いで

しょう。いつどこでスカウトされるかわからないからです。ラブストーリーではないですが、「出会いは突然に」です。

連絡先には携帯電話番号や、普段使っているメールアドレスを書いておく方が良いでしょう。万が一何か仕事の話やスカウト話がメールで来た時に見逃さないためです。大学のアドレスですと、セキュリティが厳しかったり、進学などで使用できない場合が出てきます。

当館においても、アルバイト志望の長澤さん（仮名）の面接をした際、性格的・能力的には何の問題もなかったのですが、本人の就職の方向性や、研究範囲が当館の要求する分野と一致していませんでした。さらに、これが最大の理由なのですが、その時点ではアルバイトの枠がいっぱいで、結局不採用ということになりました。まぁでもせっかくなので、開催中の展覧会でも見ていってください、と言いますと長澤さんは展示を見ていってくれました。

ここが勝負の分かれ目でした。

私が自席に戻るとアルバイトの松浦さん（仮名）から電話があり、就職が決まるので、すみませんが辞めさせてくださいとのことでした。枠があきます。あわてて

「さっきの人、展示室にいるか探してッ!」

とひっ捕まえて事情を説明し、採用することとなりました。本当に「人事はタイミング」というのを思い知らされた事案でした。もし長澤さんが「展示は結構です」と帰っていたら、こうなったでしょうか。そうした場合は電話がつながらず、往々にして別の人になるものです。就職面接した館の展示を見ておくことは基本中の基本ですが、あきらめずに展示を見ていた長澤さんに神様は微笑んだのでしょう(当館でアルバイトをすることがラッキーかどうかはまた別の話です)。なんにせよこれが「縁」というものなのです。長澤さんは、その実力を認められ、今は学芸員として活躍しています。人生の岐路はどこにあるのかわかりません。

学生なら先生に連れられてミュージアムに見学に行くことがあるかもしれません。そのときに、名刺を出してきちんと挨拶する学生と何もせずにロビーに座っている学生では、スタート時点で大きな差がついています。そして学芸員はそういうところをよく観察しています。

また、学芸員の展示解説や講演会などで、挨拶をする機会があれば名刺を渡しておくと就職やアルバイトの口につながるかもしれません。ただ、これは諸刃の剣で、就職の相談に乗るという甘言を弄し、学生と仲良くなりたいと考える不貞な学芸員もいるかも知れないというか、実際いますので、それは重々お気をつけいただきたいと思います。もちろんそういうことをする人間が絶対にダメなのですが、ちゃんと人を見る目を養うこともまた重要です。まさに「モノを見るより人を見ろ」というところに通じると思います。
もし就職相談の名を借りたハラスメントに遭遇した場合はすぐ指導教員や信頼できる周囲に相談するのが良いでしょう。

メール

名刺に続いて指導するのは「もらったメールには返信をするように」です。

「仕事のメールには返信するでしょう?」

と思われるかも知れませんが、昨今の若い方はメールの返信自体をあまりしないものです。おそらくLINEの既読機能に慣れていること、また上司というものとやり取りしたことがないからでしょう。本書はこうした分析が主旨ではないので省略しますが、まぁ最初は返信をよこさないものです。上司の側としてはまずそうした現実を受け止めていきましょう。
まずは、仕事のメールがきたらなるべく早く返信するように伝えます。

あわせて、

「仕事ができる人がメールの返事が早いとは限らないが、メールの返事が早い人は漏れなく仕事ができる」

と伝えています。実際、私の知り合いの中でも某博物館の学芸課長、某博物館の元館長、某美術館の元学芸員の三人は爆速のレスポンスを誇りますが、このお三方はいずれ劣らぬ仕事のできる方です。また早いだけでなく、文章も簡潔、意を得たり、というような内容の文面ですので仕事をしていて気持ちが良いのです。こうした例を引き教えるのですが、しばらくは返事が来るもののそのうち遅れだし、途絶えてしまうことがあります。何度か注意しますが、いまは執拗な注意はハラスメント行為ですので、その場合はもうなるようにしかなりません。馬を水飲み場に連れていくことはできますが、飲ませることはできません。それを耐えるのも上司の仕事なのです。

メールの注意点

現在、業務の連絡はメールでのやり取りが主流になりつつあります。その際、名前を間違

えることは大変失礼にあたりますので重々注意しておきましょう。当館（桑名市博物館）にも、

「桑名市立博物館」「桑名博物館」「桑名市立美術館」「桑名市美術館」

といった間違ったあて先で年に何回か届きます。間違えやすいのは仕方がないのですが、出品依頼状などでこうしたあて名を見ますと、貸出に一抹の不安がよぎります。お互い十分気をつけたいものです。

また、署名が苗字だけのメール、あるいは連絡先が書いていないメール（特に郵便番号が欠けているものが多いようです）は公的機関に多くみられます。「組織内ルール」で署名は苗字だけとさせていただいている、と言われたことがあるのですが、それであれば当方も「苗字だけのメールには対応できない」のが「組織内ルール」です、と答えざるを得ません。特に借用などのお互いの信頼関係にかかわる業務であれば、フルネームで書いておくと間違いがないでしょう。

こうした例は学生から来るアンケートや博物館実習の照会メールでも散見されます。苗字だけのもの、大学名を名乗らないもの、携帯などの緊急連絡先が書いていないものなどは礼儀上どうかと思います。住所・電話番号・ファックス番号などの署名も毎回自動的につけるようにしておきましょう。

また、たとえば署名も

杉本　竜
桑名市博物館館長
〒511-0039
三重県桑名市京町37番地1

と記すよりは

桑名市博物館
館長　杉本　竜
〒511-0039
三重県桑名市京町37番地1

としておいた方が、「桑名市〜杉本竜」をコピペしてすぐあて先に使いまわしやすいので楽です。そうしたさりげない気遣いをしていただいたメールをいただくと、当方としてもスムーズな業務が期待できます。そしてこうした予感はおおむねハズれません。

入館者数予想クイズ

ミュージアムの評価指数に入館者数は相応しくない、というのは私が大学で博物館学を受講していたときから言われていたことです。それから四半世紀がたちましたがあいかわらず入館者数が評価指数です。むしろインバウンドや観光事業とミュージアムとの関わりが強くなった影響で、その傾向はさらに強くなっているような印象があります。

また私も就職してからは展覧会ごとに「あれは入った」「この展示は全然入らなかった」という会話を普通にするようになりましたし、資料返却に伺った際にも

「どれぐらい入りました？」

というのはまるで挨拶のように尋ねられます。結局、学芸員自身も入館者数に囚われたままだったともいえます。こういう状況である以上、しばらく入館者数の呪縛からは離れられそうもありません。実際、展覧会で作品を展示することは、たとえダメージが僅少かも知れませんが文化財の破壊行為につながることは間違いありません。照明や空気環境の変化はもちろん、展示する際には人為的な破壊リスクが含まれます。ですから、そうした負担を文化財

に強いる以上、やはり少しでも多くのお客さんにご覧いただきたいと思うのは人情でしょう。

そうした中で、私自身「適切な入館者目標数」というのはどういうものかを考え続けてきました。そこで編み出したのが、職員で実施している入館者数予想クイズです。事前に入館者数の予想値を投票して、一覧にして館内に掲示しておき、結果が出ると近い順にF1グランプリのポイント配分にのっとってポイントが与えられ、年間チャンピオンを決めるという催しです。

すなわち、「目標入館者数」といった理想の数字を出すのではなく、あくまで現実に即した数字を出すゲームなのです。そして目標値としては、全員から寄せられた数字のうち、最低・最高の予想入館者数をカットした残りの平均値を目標として掲げています。こうしますとかなりリアルな数字になってきます。

もちろん「展覧会は水もの」ですので、当たったり外れたりです。また、COVID-19など社会的影響を受けますのでなかなか難しいのですが、時期、展覧会の内容、担当者のやる気などを勘案して入館者数を予測するのは楽しい作業です。

これをやることで、職員全員が「入館者数」というのを意識するようになり、サービス向上につながりました。そして、

「この展示入ると思ってたんだよ。なんでチケットもっと刷らなかったの」
「やっぱり全然入らないわ、こんな展示じゃ」

という、「後出しジャンケン」の意見すべてを封じることができるようになったのです。言いたいのなら、事前に予想してください、文句を言うならこのクイズをピタリと当ててから言ってください、ということなのです。

そして最大のメリットは、

「入館者数なんて予想できない」

ということを実感してもらえることです。業界の人間であれば「展示は水もの」なんてことは百も承知です。しかし、ミュージアムのことをよく知らない人間であればどうしてそんなに差が発生するのか理解できないようなのです。事務方から、

「昨年千五百人来た展覧会なら今年は千七百人目指してよ」

など普通に言われたことがあると思います。そういう人にこそ、ぜひ参加してもらいましょう。展覧会は内容・時期によって集客数は大きく変化します。それを体験してもらうとともに、また現実の数値を直視する上で、このシステムは大変よく機能していると思います。

学芸員が言われがちなこと

学芸員になりたくなくて学芸員になった人間はいないと思います。たまに、会社や市役所などで学芸員資格を持っているからあなたは学芸員です、といった辞令を出すような組織も見かけます。

そうしたタイプの学芸員以外は、今の待遇に満足しているかどうかは別にしまして、基本的に自分の夢を実現したことになります。もちろん大学教員が目標で学芸員は何となく、という方もいらっしゃらないことはないですが、少なくとも「学芸員だけは絶対イヤ」（就職してからそうなる人は一定数いらっしゃいますが）という人間はいないと思います。そうやって就職してよく言われることは、

「好きなことを仕事にできて、良かったですね」

です。私も就職してから百回以上は言われてきたと思います。この場合は大人の笑顔を出して、

「ええ、まぁ……」

と返しましょう。ほとんどの社会人がそうであるように、多くの学芸員は現状の待遇や状況に満足していないことは百も承知です。学生時代から努力して、就職活動も勝ち抜いて、いざ学芸員となってみても「夢を実現してもこんなもんか……」と実感している人も多いと思います。学芸員には博士号持ち、東大・京大の院卒、海外留学組やバイリンガルはゴロゴロいますが、年収や待遇を同学歴の大手企業に就職した人と比較しますと、おそろしい現実に気付かされます。

かと言って、先ほどのことを言われたとしても、「じゃああなたはご自分の夢を実現するためにどれだけ努力したんですか？」などと返してはいけません。万感の思いを込めて、

「ええ、まぁ……」

と返答するのがベターなのです。

また、

「私も大学で学芸員資格取ったんですよ！」

これも学芸員が一般の方によく言われるセリフだと思います。ただこれも言われたらなかなかリアクションに困る発言ではあります。大学で取得できる資格の中でも学芸員資格は比較的容易に取得できます。問題は職につけるかどうかで、「学芸員資格を取る」のと「学芸員になる」のとでは、その差は隔絶しています。だからといって、「ハイキュー‼」の月島くんのように「それで？」などと返してしまうと後々の人間関係に影響を及ぼしますから、

「へぇ、どちらに実習いかれたんですか？」
「ミュージアムに興味があるんですね！」

と返すのが良いでしょう。学芸員実習を受けた、ということは少なくともミュージアムに対

し興味があるということですから、会話が広がる可能性があります。
そしてもっとも言われて困ることが、

「学芸員ってどんな仕事してるんですか?」

ではないでしょうか。私もこれまで数えきれないくらい聞かれました。その度に思うんです。なぜ、学芸員は聞かれるんでしょう。不思議です。これが、「市役所につとめています」ですと聞かれないんです。おそらく、あまり見たことがない希少種ですから(なにしろ公称八千人、人口の0・006%です。レアガチャ並みです)興味がわくのでしょう。

こちらも説明したいのはやまやまですが、まず簡単には説明できませんので、いつも困っていました。本書の執筆動機にはそれも含まれています。もし同じことを聞かれたら、本書をおすすめしてもらえると嬉しいです。

また、こういうことを聞いてくる方の八割は会場にいる監視員さんを学芸員と理解=勘違いしていますので、これも誤解を解くのはなかなか大変です。ミュージアムの監視員さんのお仕事については、宇佐江みつこ先生の『ミュージアムの女』(KADOKAWA、二〇一七年)で楽しく紹介されていますので、ぜひご一読ください。宇佐江先生は優しいタッチで描かれていますが、おそらくその裏側には最前線でご苦労されていることも多々あるかと思います。ミュージアムは学芸員だけではない、さまざまな人の仕事で成り立っていることを知るきっかけにしてもらいたいと思います。

モノ有り館とモノ無し館

ミュージアムには、モノを持っている館と持っていない館があります。単純な収蔵品の多寡もありますが、他館から借用に来られるような良質なコレクションを所蔵している館がいわゆる「モノ有り館」となります。私は小倉城庭園博物館と桑名市博物館というモノ無し館とモノ有り館両方で仕事をしてきましたが、これについては圧倒的にモノ有り館の方が仕事がしやすいと感じています。理由はふたつあります。

一つは、たとえば展覧会の準備を進めていて、何らかの理由で急に作品を足したいと思った際に、モノ有り館の場合は収蔵庫からそこに相応しい一品を探してきてスペースを埋めることができます。また、豊富なコレクションを所蔵していると、自館のコレクションだけでさまざまな企画展を開催することができます。

桑名市博物館では、いわゆる「常設展」はありませんので、他館からの拝借をともなう特別展を基本的に年に一度、収蔵品をテーマごとに展示する企画展を五回、開催しています。さらに企画展は一階のメイン企画展と二階のテーマ展、刀剣コーナーがあります。人口十四万人程度の都市型ミュージアムにおいて、収蔵品だけでこれだけの展覧会を開催できるというコレクションの質量は、じつはなかなかにすごいことなのです。

私も二〇〇四年に桑名市博物館に就職して以来、当館のコレクションに日々向き合ってまいりましたが、その蔵の深さには本当に驚かされます。

もう一つは、他館からの利活用も多くなるということです。当館の場合ですと、日本で発見された最古の木簡、額田廃寺の瓦、村正をはじめとする刀剣、浮世絵、絵画や書跡（月僊・谷文晁・増山雪斎・松平定信）、萬古焼、エレキテルなどさまざまな作品に対する借用依頼が参ります。可愛い子には旅をさせよ、ではありませんが、なるべくその期待に応えるようにしていますので、皆さんのお近くでも当館のコレクションをご覧いただく機会があるかもしれません。このように、他館への貸し出し実績がある館は、当然拝借の際の交渉もスムーズに進めることができます。ギブアンドテイクの業界ですので、

「いつかここから借りるかも」

と思いますと、そこはやはり「お互い様」になるわけです。

実際、モノが無かった小倉城庭園時代の借用交渉は、私自身の未熟さもあるのですがいつも難航していました。それは当たり前の話で、モノを持たない館の新人の学芸員に貸し出して万が一何かあった際には貸し出した館の責任も問われるからです。

そういう点では、収蔵品の多い立派なコレクションというのは単に地域の財産というだけではなく、その館にいる学芸員を育てることにつながっているのです。したがって、地域の文化力の源泉はそのミュージアムのコレクションにあるといっても過言ではないでしょう。

第2節　学芸員と出世

「左遷先」学芸員

二〇二二年一〇月、東洋経済オンラインに以下のような記事が掲載されました。

51歳営業部長「出向人事」から掴んだ研究者への道 きっかけは、出向先で取得した学芸員の資格

内容は、保険会社の営業部長であった方が、大阪日本民芸館への出向をうけて、新しい道

を切り開いたというものでした。その記事中、インタビュワーの発言の中に気になる一文が目にとまりました。

法人営業の部長職から大阪日本民芸館への出向と言えば、一般的には「左遷人事」と受け取る人も多いでしょう。やはりショックでしたか？

おそらくインタビュワーは記事を盛り上げるためにそうした質問をされたのでしょうが、私はこの発言を読んだ時、胸がつまりました。もちろん、インタビュワーはあくまで一般論を述べただけであって、悪気があるわけではありません。しかしこの一文に象徴されるように、全国の学芸員志望者が希望する「ミュージアムへの就職」が、一般的には「左遷先」として扱われているのが現状です。「社史編纂室」なども、そうした部署と見なされるという話を聞きます。

こうした「学芸業務」や「社史編纂」などが、一般的に「片手間の業務」と考えられているところに、学芸員志望者との認識の差があるのは事実です。ただ、本記事のようなものが出ることは学芸員資格を持つ人材の有用性をＰＲする機会としても考えられますので、いちがいに悪い話ではありません。

学芸員と会社員

なぜなら、大学で学芸員資格を取得した学生は、じつは社会での仕事に適しています。岩田慎平氏は、

大学の文学部史学科で日本史を学びながら身に付けた素養は、公務員となってからの日々にも充分に役立っているということです。

（岩田慎平「学芸員の日常と雑感」『紫苑』第17号、二〇二〇年）

と述べていらっしゃいますが、まったくその通りです。公務員だけではありません。レポート・卒論を書くために必要な情報整理能力は社会人にとっては必須の能力で、これがデフォルトで実装されているはずの学芸員はたしかに適しています。特に文章力です。また研究会で報告するためプレゼンテーション能力も鍛えられます。さらに、美術や音楽、舞台といった右脳を刺激する芸術分野に興味がある人は、スティーブ・ジョブズの例をひくまでもなく新しいビジネス構築に向いていています。

学芸員資格取得者が社会の中枢で活躍する社会になれば、また新しい風景も見えるのでは

ないかと期待しています。

学芸員とキャリア

初めて就職した館で退職までそこにいらっしゃる学芸員も多いですが、概ね半分くらいの学芸員は転職を経験しています。

転職理由もさまざまで、非常勤で働いていたので正規職員を受験して合格した、職場環境が不満だったので他館を受けた、パートナーの転勤によって転職した等など枚挙にいとまがありません。

学芸員と出世、というのはあまりピンと来ませんが、強引に考えますと内部における

平→主任→主査→学芸係長→学芸課長→副館長→館長

というのが出世にあたるでしょうか。また、市町村立から都道府県立、あるいは都道府県立から国立施設などが出世に当たるでしょうか。いずれにせよ、単線だけでなく複線的な人事の可能性が常にあるのが学芸員です。

このうち、学生の皆さんが東京国立博物館などの国立施設の研究員になるにはおおむね二

つのルートが考えられます。ひとつは、国立文化財機構が募集するリサーチアシスタントなどに採用され、国立館での勤務を経て、正規の試験を受けて採用されるというパターンです。ただし、リサーチアシスタントという文字通り任期付きの非常勤職員ですので、各国立博物館・美術館に家から通える人、あるいはそうした余裕がある人に限定される傾向があります。

もうひとつは、政令指定都市・都道府県のミュージアムから国立博物館に移るパターンもあります。この場合も公募となりますので、タイミング良く自分が専攻する部門の募集が出ることが条件となります。こうしたことは相性とタイミングです。

学芸員と転職

問題を抱えていない組織が世の中にないように、どんなミュージアムでも多かれ少なかれ問題を抱えています。なかでも難しいのが人間関係です。通常、一般的な公務員や会社の人事はローテーションですので、おおむね三年から五年で異動していきます。すなわち、どれだけ合わない上司・同僚・部下がいたとしても、最長五年ほど我慢すればいなくなるわけです。日本の組織は縦型ですから、他部署に異動すると接する機会は減り、お互い心地よく職務に取り組むことができます。もちろん異動してきた上司・同僚・部下との相性がまたもや悪い場合もあるかも知れませんが、また「数年我慢すれば」と気持ちを切り替えることが可能です。

　ところが、学芸員の場合は専門職ですから基本的に異動がありません。資料と向き合い、地域理解を深める学芸員のキャリア形成には適応しているのですが、どうしても代わり映えのないメンバーでの職務を進めていく必要がでてきます。そうした際、相性の悪い上司だった場合、下手をすればその上司が退職するまでずっと一緒なわけです。逆もまたそうです。どれだけ能力が不足していたり、人間的に問題がある職員がやってきてもずっとそのミュージアムで面倒を見ていく必要があるのです。こうした固定化した人間関係の苦労は、経験した方ならわかるかも知れませんが、なかなかつらいものです。

　これに加えて、学芸員をある種「華やかな職種」だと思い就職すると、必ず一度は現実に打ちのめされます。調査・研究に従事し、開かれた、そして市民に愛されるミュージアムでの知的な職場勤務が私を待っている……と憧れを抱き勉学に励み厳しい試験を突破して就職してみたら、調査・研究は本務ではないといわれ、大変情熱のある来館者に何時間も質問攻めにあい、「資料はありません」と答えると電話で罵倒され、予算査定の場で「こんな展覧会やる意味あるの?」と言われるわけです。その落差に戸惑ってしまうのも無理はありません。そしてメンタルをやられてしまう……そういう例を聞くたびに「せっかく学芸員の世界に夢と希望を抱いて来てもらったのに……」と胸が痛みます。また現実にそういう状況にいらっしゃる方もいるかも知れません。

こうした状況を打破するには、

①我慢する。
②環境を変える。

の二つです。我慢には出来る我慢と出来ない我慢があります。最初は無理でも、時と共に慣れていくことがあります。それが①です。手っ取り早いのは②で、職場が辛ければ転職を考えてみましょう。同業他社に移られる方が多いですが、まったく別の分野に移られる方もたまにいらっしゃいます。この場合、もし自己都合退職をするのであれば、体調を崩したりしない限りは、せめて二〜三年は我慢してから転職活動を行いましょう。どの職場も楽園ではないので、二〜三年くらいは経っていないと、採用する側からすると「辛抱のできない人」と思われるリスクがあるからです。

もちろん、生理的に辛抱できないということはあるので、その場合は無理をせずまずは周囲に相談し、自分の職場がよそと比較して極端に悪いのかを確認した上で決断を下すことをおすすめします。そのためにも信頼できる学芸員の友人は大切です。「あ、あそこ？　あなたよく三か月も我慢したね、よく頑張ったよ！　え、まだ辞めてないの⁉」と言われるかもしれません。

館長という仕事

二〇二三年現在、私は桑名市博物館の館長をつとめています。自分が学芸員として就職した時、将来自分が館長になるとは思っていませんでしたので、辞令が出た際には大変驚くとともに、その重責に身が引き締まりました。

そしていざ館長となってみて思うのは、非常に「誤解されがちなポジション」ということです。業界内部の話からしますと、おそらく館長になりたい学芸員は一割もいないのではないかと思います。もちろん出世欲や野心ある学芸員もいるでしょうし、それがあることは何も悪いことではありません。また、純粋に館長業務に興味ある人もいるでしょうが、肌感覚ですと九割の学芸員は館長にはなりたくない、むしろ「自分とは関係のない世界」と考えていると思います。

実際私が館長就任の挨拶をメールで業界各位にさせていただいたときも、そのねぎらいの声のほとんどは、

「エープリルフールですか？」
「ご愁傷さまです」

でしたし、

「とうとう、位人臣を極めましたね」
「すごろくだと上がりやね」

というからかい半分のエールをいただくような感じでした。学芸員がやりたい事はやはり調査・研究といった学芸業務ですので、極論をいうとヒラの学芸員でも調査や展示ができればそれで良し、という人が多いと思います。もちろんそれを目指して学生の頃から努力してきているると思いますのでそれはそうなのですが、それこそ学芸係長とか、学芸課長とか、副館長といった、「学芸業務以外の負担が大きい仕事」は避けているような人が多いように思います。他館の例ですが、

「○○さんは来年学芸課長なのよ、本当にかわいそう」

という会話を耳にするくらいです。昇進すると必然的に増加する、館内のマネジメントの業務や展覧会に関係のない対外的な業務などで、ただでさえ少ない調査・研究時間を削減されるのは勘弁してほしい、というのが本音ではないでしょうか。特に学芸員という職種は一家言を持つ個性的な人間が多く、複数の学芸員を束ねていくのは並大抵の力量ではできません。ですので、課内調整、予算獲得、人事評価、議会対策などの業務を受け持たざるを得ない、いわゆる「えらい職」をさけがちな実態があると思います。

とはいえ、誰かがやらねば組織は回りません。こうした職を引き受けた方が、より疲弊していく反面、引き受けなかった人は華やかな展覧会を連発しスポットを浴び評価を高めていく……ということもあるかも知れません。そうした意味では学芸員の真の評価というのは大変難しいと思います。

近年は、ミュージアムのことに全く興味のない人間がやってきて大変な状態になるくらいなら、学芸員出身の人が係長職・課長職をやった方が良い、という考え方がトレンドになりつつあり、近年は学芸員出身の館長も少しずつお見受けするようになりました。

ただ学芸員出身の人が館長職をやればすべてうまくいくのか、というとそうでもなく、実際に業務に携わっている立場からしますとメリット／デメリットの双方があると思います。物事はそう一面的に割り切れるものではありませんので、重要なのはその館にあったバランスだと思います。たとえば公立館の場合、館長は事務職、副館長は学芸職とすみ分けている場合もあり、それも選択肢の一つとして有効だと思います。

館長就任者のバリエーション

さきほど、学芸員からすれば、館長というのはそれほど魅力ある職責というわけではないと述べました。それでは逆の視点から、たとえば地方自治体における館長のあり方をみてみますと、先ほどとは違った印象を持ちます。館長職に就く方は、本当にさまざまなバリエーションがあるので、類例を挙げて紹介していきたいと思います。

A「学芸員生え抜き」型

その館の学芸員から学芸係長—学芸課長等を経て館長となったパターンです。館の内情を熟知しており、適任といえるでしょう。しかし本人としては施設や人事管理等の総合的な仕事がその大部を占めており、学芸員としての業務に割く時間が得られないなどジレンマが発生します。

B「異動」型

「異動」型には大別して二つあります。

①教員籍館長——現役の学校の教員や、校長を退職した元職員などが館長として任命されるパターン。

②行政職館長——公務員のひとつの異動として取り扱われるパターン。前職がガス・水道部の方や、総務課などさまざまです。

C「引き抜き」型

①大学教員——大学教員が館長をつとめるパターン。本業との都合上、週一日か二日、といった勤務が多くなります。

②他館の学芸員——生え抜きではなく、他館の学芸員を引き抜いてトップに据えるというやり方もあり、こちらも近年増えつつあるように感じます。

③マスコミ出身者——マスコミの文化事業の経験者などが引き抜かれてつとめるパターンです。

④文化人——その地域の芸術家や有識者が館長をつとめるパターンです。

これらのどのタイプが良いのか、という議論はそもそも意味がなく、また、職権もどの程度まで与えられているかに左右されますので各館の適性、組織の考え方によるとしかいえません。私自身も三重県博物館協会の理事をつとめていた際にさまざまなタイプの館長とお話させていただきましたが、出身は違えど「ミュージアムを良くしたい」という信念を皆さんお持ちだったことは間違いありません。

ただ、学芸員を経験していない人は、就任してから「ミュージアムとはなにか」について学ばなければならないことが多く、慣れたころには異動を迎えていることが少なくありません。

また館長はさまざまな場面で挨拶をすることも多い仕事です。その際、B②の行政職館長は「私は辞令が出たので館長をつとめているだけで、文化や歴史に造詣が深いわけではありません」と言い訳をされる方がいらっしゃいます。それを聞くたび職責をどのようにとらえていらっしゃるのかな、と思ってしまいます。もちろん問題の所在は属人的な話ではなく、そうした人事がなされる認識の在り方です。これなども組織と世間の認識のズレを示していると思います。

学芸員と出会い

「学芸員は出会いがない」とよく言われます。事実そうだと思います。人生のパートナーを探すのは、就職してからは大変難しいようです。私の周囲調べでは、パートナーのいる人は学生時代から交際していたというのがほとんどでした。就職してからですと同業、あるいは受付の方とご結婚される方の話を聞いたことがあります。また、アナウンサー、フライトアテンダント、美術作業員と結婚された方もいらっしゃるようなので可能性は無限大です。

こういうご時世ですので余計なお世話なのですが、前述したとおり指輪をしていないだけで「いい人紹介しましょうか」と心配をおかけするような商売ですので、ひとつ聞いた話をご紹介しておきましょう。

学芸員志望の学生と交際していた場合、就職がいつ、どこになるかわかりません。それこそ希望するエリアに職がない可能性もありますし、ずっと東京ですごしてきたのに就職が北海道、になったりすることもあります。

私がうかがったのは、男性が学芸員志望で、女性が学部卒で就職した話です。その女性は男性がどこで就職しても良いように全国転勤のある仕事を選ばれたそうです。数年後、見事に男性が学芸員として就職し、女性がそのミュージアムの場所へ異動、お二人は晴れてゴールインされ、現在も幸せに過ごされているとのことです。

じつはこのパターンを、私は複数例聞いています。女性側の戦略的思考が職と人生のパートナーをつかみ取ったといえるでしょう。「愛のチカラ」のなせるわざでしょうが、昨今では男女逆のパターンも当然生まれていることと思います。もし将来人生のパートナーが必要と考えておられるなら、ご参考になれば幸いです。

第3節　レコーディングミュージアムのススメ

レコーディングミュージアム

私自身、なるべくミュージアムを訪問するよう心がけています。これまで行った館は国内で二千を越えます。驚かれるかたもいらっしゃるかも知れませんがこれはじつはあまり大した数ではありません。京都国立博物館の栗原祐司副館長は六千三百館以上行ってらっしゃいますので、私など足元にもおよびません。

私がおすすめしたいのは、行った館や展覧会の記録を取ることです。

そもそものきっかけは、就職して二～三年経ったある日、自分がこれまでどれほどの館に行ってきたのか、という疑問を抱いたことでした。そこで、これまで自分が行ったことのある館を書き出してみたところ、おおむね二百館前後でした。おそらくどの学芸員もこれくらいは行っているはずです。しかし、行ったことのある館を改めてながめてみた際、自分が興味のある展示をしている館ばかり行っていることに気付きました。自分の専門はやはり歴史や美術ですから、歴史にベースを置いて、周辺や興味のある展覧会、話題の展覧会を回っているという感じでした。

そこで、二〇〇六年から、行った館をすべて書き出すようにしました。

場所、日時、簡単な感想をデータで記録しはじめたのです。いわばレコーディングミュージアムです。

すると面白い変化が起こりました。考古資料館や科学館といった、普段行かないような館にも足を運ぶようになったのです。やはり記録すると人間欲が出るもので、少しでもミュージアムに行って数を稼ぎたくなります。これが数字のマジックというものです。以前なら訪れようと思わなかった資料館や美術館、子ども科学館などへも行くようになり、これは館を狩りにいくようなものだな、と思って「ミュージアムハンター」と名乗るようにしました。

また、いつもなら「まぁいっか、今度でも……」と思うようなくるしいときでも数を稼ぐために「次はない、あと一歩」が出るようになりました。これはレコーディングミュージアムのメリットの一つです。

このように、自分の専門外のミュージアムに通うようになると、さまざまなことに気付かされます。とりわけ大学系のミュージアムに顕著なのですが、地学に関する展覧会を見学したときのことです。説明パネルを読んでもちんぷんかんぷんなのです。私は高校の時に地学を選択していたので少しは勉強していたはずですが、数十年前に学んだ知識ですから、「火山岩」と「深成岩」、「流紋岩」「斑レイ岩」など出てきても

「やった記憶はあるけどうろ覚え」

なんです。それらがぎっちりと説明文の中に使用されており、また表現も難解ですので読むのを早々に諦めてしまいました。そのとき、

「ああ、『江戸幕府の老中が』ってつい書いてしまうけどそれは一般のお客さんにとってはこういう感覚なのか」

ということをあらためて思い知らされたのです。ミュージアムの来館者は多様です。年齢層でいうと小さいお子さんから年配の方まで。知識層でいうと小学生程度から専門家まで。社

会教育の施設である以上当然のことですが、こうなるとターゲットをどこに絞るのかもなかなか難しくなってしまいます。

最大公約数としてはやはり義務教育で学ぶ知識くらいがベースとなってくるでしょう。であれば「江戸時代」も「老中」も両方学ぶから問題ない、という考えになるかも知れません。ならば、火成岩を見分けることができるし、地層のしゅう曲についても説明できるはずです。

でもそれはなかなか難しいと思います。したがって、つい簡単に書いてしまう歴史用語もやはり改めてわかるように説明しないといけないのだと思い知らされたのです。またなんとかして興味を持ってもらえるようにあらふるフックをつけておかないといけないとも思いました。もちろんこの地学の展示は素晴らしい内容です。担当者の知識も十分に伝わってきます。ただ、一般の人へのリーチが足りていないのです。学芸員はプロですから、自分が専門としている展示の内容はスッと頭に入ります。そのためついつい便利な表現、これぐらいはわかるだろうという思いで書いてしまいがちです。ただ、ミュージアムの来館者層は多様ですので、まったくわからない方も来られるわけです。その時、「やっぱりわからない」「つまんない」では次につながりません。そのためには、たまには学芸員自身がそうした「まっさらな知識を味わう」体験をする必要があると思います。その点、自分の専門外のミュージアムに行くきっかけとして、レコーディングミュージアムはうってつけだと思います。

ミュージアムとは何か

　また、レコーディングミュージアムを続けることで、「ミュージアムとは何か」という根源的な問いに向き合うことができました。世の中には、博物館法にもとづく登録博物館、博物館相当施設、博物館類似施設があります。詳細はここでは省きますが、「博物館・美術館」を名乗るのに制限はありませんので、世の中には、個人宅に自らのコレクションをならべたいわゆる「まちかど博物館」なるものがたくさんあります。そしてどれを「ミュージアム」としてカウントするかは個人の判断で良いと思います。

　これは結局数の問題ではなく「ミュージアムに行く」ためのきっかけづくり、というのが主旨ですし、またミュージアムのかたちはさまざまで一筋縄ではいかないからです。

　ただ、それだと初心者は「どこへ行けば良いのか」と戸惑うと思いますので、たとえば国立館をすべて回ってみるとか、地元の都道府県立・市町村の館から回ってみるなど、まずは足を運びやすいところから始めるのが良いでしょう。また、ある程度の基準として、以前『日経五つ星の美術館』という書籍で各美術館をランク付けしていましたが、そうしたガイドブックを参考にするのも良いかもしれません。個人的には「日本百名山」ならぬ「日本百名館」のような入門書があれば、外国人観光客も含めもっとミュージアムに興味を持っていただける方も増えるのではないかと思います。

疑問、反論

こうしてミュージアムハンターをはじめるようになると、さまざまな疑問・反論が寄せられました。

①そんなに回ってどうするの?
②館数稼いでマウンティングしたいだけじゃないの?
③急いで観て何になるの? 私はゆっくりじっくりみたい。

などです。まず①ですが、少なくともミュージアムに関わる人であればミュージアムに行くのは自明であると思います。料理人が自分の舌を鍛えるためさまざまなお店に行くのと同じで、職業的良心にもとづくものですから、なかば仕事と考えて良いと思います。

②は、前述の栗原さんなど六千三百館訪ね歩いた方もいらっしゃるので、私なんかまだまだです。むしろ「まだ二千館ほど」といえるでしょう。栗原さんは、ミュージアム訪問界のレジェンドで、自らは「ミュージアムフリーク」と名乗られています。またＮＨＫのミュー

ジアム特集などでご活躍され、私も研修や仕事の場で何度かお会いしていますが、本当にミュージアム愛が深い方です。久世番子さんとの共著『博物館ななめ歩き』では魅力的なミュージアムを紹介されていますので、ミュージアムめぐりの参考に、ぜひ手にとってご覧いただきたいと思います。

③についても、楽しみ方は人それぞれです。ただ、一日で一館しか行かない人と一日一〇館行く人であれば、ミュージアムに関わる人ならどちらが「ありがたい」でしょうか。残念ながらミュージアムの世界は、繰り返しになりますが「入館者数がすべてではない」と言われ続けながら、それに代わる有効な指標が発見されないまま、入館者数を追い求める姿勢に変わりはありません。それであれば、少しでも入館者数に寄与することで、館のプレゼンス向上に役立てば良いと思っています。

大学設置のミュージアム

ミュージアム訪問の〝穴場〟に大学設置のミュージアムがあります。近年は大学ミュージアム設置ブームのようで、多くの大学が設置しています。中には東京大学のインターメディアテク（東京駅直近ですのでぜひ一度行ってみてください）のような話題のミュージアムもあります。ただ、多くの大学ミュージアムは来館者が多いわけではなく、在学生でも行ったことがない方が多いのではないでしょうか。

その理由のひとつは、開館日の設定です。多くの大学ミュージアムは土日が休館、かつ試験中や学校行事の際は学外者は入れないなど、多くの制約があります。もちろん学内セキュリティなどさまざまな問題があるのですが、大学の魅力を伝える施設がこうした画一的な対応をせざるを得ないのは（おそらく中の人も同様にお思いの方もいらっしゃると思うのですが）大変残念です。

こうした開館日の設定と「学内／学外」を分別する点は現在の大学の在り方を象徴していると思います。「開かれた大学」を標榜している大学も多いのですが、ことミュージアムに関しては、背反しているといわざるを得ません。そうしますと、こうした施設は、何のために存在するのか、という存在意義を改めて考えていく必要があると思います。

その点、古くから学芸員育成や実技に定評のある東京藝術大学大学美術館（大学が二回重なります。これが正式名称です。依頼状を出す際はご留意ください）や明治大学博物館、國學院大學博物館は広く来館者を受け入れる姿勢を示していると感じています。しかしまだまだ充分にそのポテンシャルを発揮していない大学博物館も多くありますので、今後に期待したいと思います。

一日ひたすらミュージアムを回る

ひとつ提案したいのは、一日ひたすらミュージアムを回るツアーの実施です。通常だと回れて午前一館、午後一館くらいが関の山だと思いますが、思い切ってミュージアムを回ることを目的に、網羅的に回ってみるのも面白いものです。

そうした際に私は、グーグルマップを活用しています。行く予定のエリアを開き、「博物館」「美術館」「資料館」などを入力し、検索します。そうして出てきた館をグーグルマップに落とし込み、開館・閉館時間と組み合わせ、もっとも効率的に回るルートを検討するのです。また、地域の博物館協会が出しているミュージアムマップなどもあわせて利用するとより細かいところも見つかります。また、運転しているときに出てくる看板も要注意です。本当にマニアックなところは現場で見つかります。

こうしてリストマップができたらいよいよお出かけ……の前にやっておくことがあります。それが休館日の確認です。ミュージアムは基本的に月曜休館ですが、まれに他の曜日が休館だったり、展示入れ替え期間などでの休館があり、せっかく行ったのに休館では大変残念です。

まず事前に各館のホームページを確認して休館日を確認しておきましょう。その際に、「休館日月曜」とか「展示入れ換え期間」とか「別に定める期間」の表示のみで、休館日カレンダーを作成していないところは要注意です。またホームページにはネット割引クーポンやら共通チケットなどお得な情報が紹介されていることも多々あります。自治体の場合はあまりおしゃれなホームページではなくても、さまざまな制限下で頑張って作っていますので、温かい目で見て貰えればありがたいです。

近年は事前予約を必要とする館も増えているので注意してください。その意味では、事前に電話で確認しておくのも良いでしょう。小さい資料館や、教育委員会に電話をして開けてもらう系は必須です。「ミュージアム」は結局「人」ですので、親切な対応をして下さる館は素敵な展示もされていることが多いです。ぜひ、ミュージアムの多様性を楽しんでください。

交通手段

こうしたツアーの交通手段ですが、東京都内以外なら車が最適です。学芸員志望者なら、免許があった方が断然就職には有利です。遠方ならレンタカーの使用をおすすめします。天候に左右されませんし、あらかじめナビに案内を入れておくと大変スムーズです。また考古遺跡などに付属したミュージアムなど、その場所ありきの「ありき系」ミュージアムは場所が公共交通機関では不便なところにあり、それが遠方だと往復だけで終わってしまったりすることがあります。また、同じく「修行系」ミュージアムもあります。いわゆる秘境系のミュージアムで、一日一本のバスなどしかない場合、それを逃すと帰れないなど非常に厳しい場所にある施設で、「ありき系」と親和性が高いです。また、土日休館、大学試験期間はお休みといった「大学系」や、予約して開けてもらうところも心理的なハードルが高く、「修行系」に入ります。また、個人で運営しているようなところは、開いているはずが開いていなかったり、さまざまな体験を味わうことができます。私も、とある館を訪問した際、開いていなかったので

「この館を見学したいんですけど」

と隣の畑にいる女性にお願いしたところ鍵を渡されて「勝手に入り」と言われ、「大丈夫かな……」と思い入ろうとしていたらたまたまやって来た男性に「すみません今月の会費です」と現金を渡されそうになったカオスな経験があります。何を言っているのかわからないと思いますが、私も何をされたのかわかりませんでした。こうした体験ができるのが「個人系」ミュージアムの魅力といえるでしょう。

ツアーに持っていくもの

封筒かクリアファイル——ミュージアムをめぐるとどんどんチラシや出品リストなど紙モノ

が増えていきます。それらを手に持って歩くのはなかなか大変ですので、封筒かクリアファイルを持参し入れていきます。私の場合、感想などのメモはスマホに入力していますが、展示室でスマホでメモをとったり調べものをしていると監視員の方に「しまってください」とやんわり注意されることがあります。撮影するお客さんもいらっしゃるので仕方がないことですし、館においては館のルールに従うことは自明のことです。ただ、こうした注意は近年本当に増えました。やはり知らずになのかわざとなのか撮影する人が多いのでしょう。監視員の方のご苦労は察するに余りあります。

小銭――ロッカーで使います。つねに百円玉を財布に入れておきましょう。たまに五百円玉が必要とか、館内で貸し出すコインを使ってくださいなどフェイントが入るので注意しましょう。

アウター――文化財の保存のための施設ですので、やたら寒い時があります。冬場はカーディガンなど一枚羽織れるものがあれば一安心です。

歩きやすい靴――ミュージアム内は結構歩きますので、歩きやすい靴が良いでしょう。以前東京国立博物館に行った際、法隆寺宝物館、表慶館、本館を周回して万歩計をみたら一万歩を越えていたことがあります。結構体力仕事です。

面子《めんつ》――一人で行くのも良いですが、友人とまわるミュージアムも楽しいものです。大事なのは面子選び。ミュージアムへの価値観が共通の友人と行くのがおすすめです。一緒にワイワイ観るのも良し、好き勝手に観るのも良し。私はいつも一時間後に出口集合などと決めて、自由に見るスタイルを取っています。

メリット・デメリット

レコーディング・ミュージアムをはじめたことで、メリット・デメリットもはっきりしてきました。

①意外なつながりが楽しめる

興味のない館でも数を稼ぐために入るようになります。すると、普段行かないジャンルの説明を読むことになります。前にも書きましたが、そのとき、初心者向けの解説の重要さを身に染みて思い知ります。また、じつはアレとアレがつながって……という意外な展開があったりするととても面白いです。以前東京理科大学近代科学資料館を訪ねた際、見事な多面体模型が展示されていました。超絶技巧とも言うべき一木《いちぼく》の削り出しです。「ものすごい器用な人やな〜」と思い解説をよむと作成者は東京理大の前身・東京物理学校教授の菱田為吉でした。そう、日本画家・菱田春草の兄だったのです。意外なつながりに驚くと同時に、菱田家の理系の才能も知ることが出来ました。そのため、また新たな視点で春草作品を楽しめるようになったのです。作品は変わりません。観る側の私が変わったのです。いわばＯＳがアップデートされたと言えば良いでしょうか。これがミュージアムを選ばずに行く、という無作為の行為のおもしろさなのです。

②場所をたずねる

また、場所と時間と共に知識を身体に刻み込む行為はモノを理解する上で有用ということを改めて感じました。「いつ」「どこで」「何を見た」という風に、複数タグ付けされた記憶は、意外と忘れないものです。ネットでほとんどのことが調べられる時代にわざわざその場所まで行ってモノを見て楽しむ、学ぶという行為はじつは大変なぜいたくです。ミュージアムではこの知的体験を手軽に味わえますので、行かないと損です。

③「まぁいいか」ではなく〝最後の一歩〟が出る

ミュージアムの数を稼ぐ以上、「もういいかな」というところでも一歩を踏み出すことができます。モチベーションの維持に最適です。

④ミュージアムコンシェルジュが可能に

知り合いに「〇〇（地名）行くんだけど……」と言われたとき、その人にあったミュージアムを提案することができます。

デメリットは一緒に行く人が限定されることです。やはりゆっくり観たい人とは行けなくなります。また、一回行ったからもういいか……と、再訪の妨げにはやはりなります。

メリット・デメリットはありますが、さまざまなミュージアムに行っておくのは大変楽しいものです。ぜひ皆さんも普段行かないミュージアムを訪れてみてはいかがでしょうか。

おわりに

ミュージアムの世界はいかがだったでしょうか。もちろん、これがすべてというわけではなく、あくまで中小規模ミュージアムの一端を紹介したにすぎません。ミュージアムの多様性と、これから変革の時代ということを考え合わせると、私が記したミュージアムのノウハウは今後役に立たなくなっていくかも知れません。
ただ、人文系の学芸員にひとつ確実に言えることがあります。いやふたつです。
ひとつは、学芸員は「モノ」を取り扱う職業であり、プロであるということです。箱紐をかける、掛軸を巻く、額を取り扱う、といった基礎動作は確実に身体に入れておいてください。一度身体に入れてしまえば、自転車に乗れる技術と同様、そう簡単には忘れません。

こうした技術は、たとえＡＩが全盛になってもモノを適切に保存していく上では不可欠です。まず第一に学芸員は文化財という「モノ」を守る職業であること、そしてそのための技術を持つこと、これを自覚してもらえるとうれしいです。

もうひとつは、前段と矛盾するのですが、文化財を恐れないことです。私たちより永く生きている（ことが多い）文化財は、それなりの強さ、しなやかさを持っています。大切だから、重要だからといって取り扱いを変えること、心の向きあい方を変えることは事故のもとです。一億円のものでも、数百円のものでも、いつも適切に作品に向き合って集中して取り扱う訓練を重ねてください。そういう境地になりますとそうそう事故は起こらないものです。そうして真摯に「モノ」に向き合うと、オカルトですけれども作品の気持ちや、感覚がわかるようになる瞬間が訪れます。モノと会話する、というわけではないのですが、「展示してくれてうれしい」とか、「六週間も頑張ったから休ませて」とか、こっちの思い込みなんでしょうが、なんとなく心が通じたような気になるのです。できるならば、そうしたモノとの対話を大切にしてください。きっと必ずモノは皆さんに応えてくれるはずです。

色々述べてきましたが、私の考えでは「学芸員はモノとともにある」ということです。大変厳しい世界ではありますが、文化財と真正面から向き合う人生というのは、決して悪いことだけではありません。多くの貴重な文化財を直接見たり、触れたりすることが出来るのは普通ではできない貴重な経験です。また、全国各地の学芸員と知り合いになれるのも非常に魅力的です。

ぜひ皆さん、お近くのミュージアムに行ってみてください。きっと新たな発見があると思います。「ミュージアムのある人生」というのは、とても心豊かなことなのです。

おすすめの本

君塚仁彦「限界に直面する博物館と学芸員」（『歴史評論』八二三号所収、二〇一八年）

すでに覚えている人も少ないでしょうが、二〇一七年四月一六日、山本幸三地方創生相（当時）が滋賀県大津市のセミナーで「一番のガンは文化学芸員と言われる人たちだ。観光マインドが全くない。一掃しなければ駄目だ」と発言し、大きな話題となったことがありました。本発言に関しては山本元大臣よりすでに公式に謝罪がなされていますので、今さらどうこういう話ではないのですが、本稿は、当時の雰囲気をよく伝えており学芸員を目指す方には一度目を通しておいてもらいたい論稿です。

最後に君塚先生はこう書きます。「博物館と学芸員の現状は、あらゆる面で限界を越えつつある」と。この現状に飛び込む勇気と覚悟は、あるでしょうか。

安村敏信『美術館商売』（勉誠出版、二〇〇四年）

まずは現状を憂う真面目な論稿を紹介しましたが、私自身はそこまで根が真面目じゃないので、次は楽しく読める学芸員の仕事本を紹介します。板橋区立美術館に長らく勤められた安村先生のお人柄が感じられる飄々とした文章で大変読みやすく、私が学芸員になったばかりの頃に付箋を貼って何度も繰り返し読んだ本です。そういう意味では私は「安村イズムの継承者」とも言えるでしょう。展示をどうすれば魅力的になるのか、という趣旨は一貫していて、現在でも参考になると思います。立命館大学の広報誌に本書の紹介をした旨を先生にお伝えすると「本書は印税が入る本なのでとりわけ嬉しいです」とお礼を言われました。

蓑豊『超・美術館革命』（角川書店、二〇〇七年）

金沢21世紀美術館の館長（当時）蓑先生による「美術館が街を変える」というコンセプトにもとづくご著書です。「美術館は市民の応接間」「学芸員は専門知識を持っているだけではなく、まず普通の人間であることが要求される」「美術館を市民の眼、草の根から見る視点が大事なのである」など、私自身強く影響を受けた言葉もさることながら、内容が大変面白いのです。かつての梶原一騎作品を彷彿とさせるような蓑先生のさまざまな分野に及ぶご活躍がうかがえます。

清水久夫編『博物館学Q&A』（慶友社、二〇〇五年）

当館で博物館実習を受講された学生さんたちにおすすめしていた本です。清水先生が博物館学の授業でとっていたアンケートに答える形で叙述されていて、具体的で大変読みやすい本です。博物館・組織・運営など、さまざまな分野を網羅しているのでひととおりミュージアムへの理解を深める意味では最適だと思います。

辻秀人編『博物館危機の時代』（雄山閣、二〇一二年）

またもや業界志望者の希望をくじくようなタイトルの著書を挙げてしまい申し訳ないのですが、本書のうち、安高啓明先生の「指定管理者制度と学芸員」はぜひご一読いただきたい論稿です。ミュージアムを聖域化するわけではないと断った上で、「先人が守ってきた文化財的資料は、しかるべき立場の者のみが扱える特別なモノと考えている」という考えは大変示唆に富む指摘です。そうした学芸員のあるべき立場と、指定管理者制度との関わりおよび11年前における「今後の展望」を示しています。

滝登くらげ『学芸員の観察日記 ミュージアムのうらがわ』（文学通信、二〇二三年）

SNSで人気の四コマ漫画を書籍化したもの。動物に仮託した学芸員のキャラクターが繰り広げる悲喜こもごもは、令和時代のミュージアムの案内として相応《ふさわ》しいものです。四コマとはいえ内容はきちんと現実に即しており、なかでも「【外伝】学芸員の就活日記」などは、学芸員を目指す人にとって大変参考になると思います。

著者略歴

杉本 竜（すぎもと・りゅう）

1974年大阪府門真市生まれ。幼少より博物館や城跡に連れて行かれ歴史に興味を持つ。大阪府立四條畷高校を卒業後、博物館の学芸員を目指し関西大学文学部史学地理学科へ。その後、立命館大学大学院文学研究科に進学、日本近代史を専攻する。2002年、北九州市立小倉城庭園博物館に嘱託学芸員として就職。陶磁器の魅力にどっぷりと浸かると共に小倉競馬に親しむ。2004年より桑名市博物館学芸員として奉職。幕末の桑名藩、刀工・村正、本多忠勝といった桑名ゆかりの研究フィールドと向き合う日々を送る。2017年、第11代桑名市博物館館長に就任。著作として「軍馬と競馬」（菅豊編『人と動物の日本史3』所収、吉川弘文館、2009）、『近代日本の競馬』（創元社、2022）などがある。

これから学芸員《がくげいいん》をめざす人《ひと》のために
2023年7月20日　第1版第1刷　発行
2024年2月20日　第1版第3刷　発行

著　者　……………………………………………………
杉本　竜
発行者　……………………………………………………
矢部敬一
発行所　……………………………………………………
株式会社 創元社
https://www.sogensha.co.jp/
本社　〒541-0047 大阪市中央区淡路町4-3-6
Tel.06-6231-9010　Fax.06-6233-3111
東京支店　〒101-0051 東京都千代田区神田神保町1-2 田辺ビル
Tel.03-6811-0662
印刷所　……………………………………………………
株式会社 太洋社

ISBN978-4-422-70146-2 C0070